KB205354

묻다, 믿다, 하다

죠이선교회는 예수님을 첫째로(Jesus First)
이웃을 둘째로(Others Second)
나 자신을 마지막으로(You Third) 둘 때
참 기쁨(JOY)이 있다는 죠이 정신(JOY Spirit)을 토대로
하나님 나라의 확장을 위해 지역 교회와 협력, 보완하는
선교 단체로서 지상 명령을 성취한다는 사명으로 일합니다.

죠이선교회 출판부는 그리스도를 대신한 사신으로
문서를 통한 지상 명령 성취와 하나님 나라 확장을 위해 노력합니다.

죠이북스는 죠이선교회의 임프린트입니다.

손성찬 지음

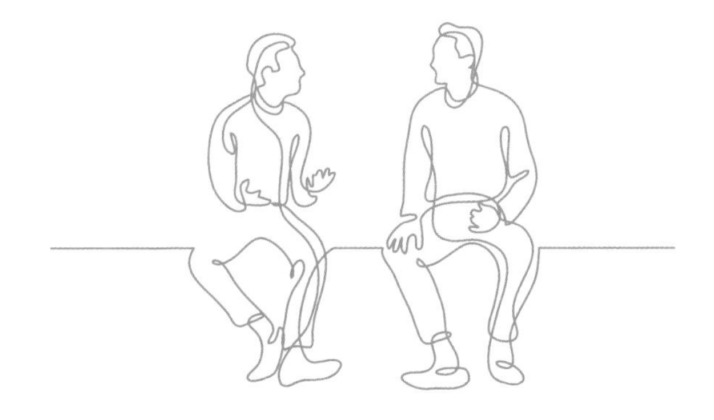

죠이북스

추천사

"네 마음이 시원해질 때까지 내가 너와 함께할게"

저는 비교적 어린 시절부터 교회에서 자란 사람입니다. 그 덕에 교회 분위기를 잘 알지요. 꼬마 때부터 성인이 된 이 시점까지 교회를 생각하면 떠오르는 부정적인 이미지가 하나 있습니다. '이곳은 성도들의 생각을 다스리고 입을 막는구나!' 이런 분위기에서 자라다 보니, 마음속에서 일어나는 솔직한 질문들을 쏟아 놓을 기회를 얻기가 쉽지 않았습니다. 질문하기도 어려운 지경인데 반론은 더욱 펼칠 수가 없지요. 그러다 보니, 진심으로 설득된 복음에 제 삶을 드렸던 것이 아니라 '그냥 믿어!'식의 강권과 '일단은 순종해!'식의 지시에 제 삶이 질질 끌려다녔던 것 같습니다. 이것은 저만의 경험이 아니고 한국교회의 일반적인 현실인 것 같습니다.

이제 시대가 달라졌습니다. 우리보다 앞서 신앙의 길을 걸었던 분들에게는 이런 방식의 신앙 지도가 어느 정도 효과를 얻었을지 모르지만, 이 시대 사람들에게는 어렵습니다. 이런 식으로는 기독교 신앙의 부요함을 결코 다음 세대로 전달할 수 없습니다. 이런 상황에서 성경과 교회 문화에 대해서 일단은 "의심하고 물어보라"고 외치는 목회자가 등장했습니다. 그는 의심과 회의도 분명 믿음의 영역이라고 주장합니다. 그는 이런저런 의심의 화두를 낚시용 떡밥으로 이용해서 그저 그런 결론으로 끝나는 메시지를 전하는 사람이 아닙니다. 성도들이 가진 의심과 회의의 구체적인 내용을 치열하게 파고 들어갑니다.

묘한 것은 문제를 다루는 태도는 진지한데 글은 진지한 태도와 이슈들에 압도되지 않습니다. 문체가 다이나믹해서 글이 재미있고 독자에게 청량감을 안겨줍니다. 무엇보다 그의 글은 성도들의 삶의 현실과 정황을 끝까지 붙잡고 늘어집니다. 그래서인지 그의 글을 읽다 보면 "네 마음이 시원해질 때까지 내가 너와 함께할게"라는 마음이 느껴집니다. 무조건 이 책을 읽으십시오. 영혼의 갈증이 해갈되는 놀라운 경험을 할 수 있을 것입니다.

_김관성 (행신침례교회 담임목사, 「본질이 이긴다」 저자)

묻는 것과 고민하는 것, 자유함을 위한 과정이다

진리를 알면 자유할 줄 알았다. 그런데 내가 아는 '길이요 진리이신 예수님'은 현재를 살아가는 나에게 어디까지가 자유인지 정확하게 말씀해 주시지 않는다. 이 책 역시 마찬가지다. 정확하게 무엇을 해야 하는지 알려 주지는 않는다. 아니, 일부러 알려 주지 않는 듯하다. 이 책을 읽으며 저자가 내 질문들에 대답해 주었던 과거의 장면이 떠올랐다. 특히나 이 책에서 다루고 있는 주제는 저자가 나와의 만남 중에 나누었던 주제들이기에 더욱 그렇다. 그때를 회상해 보면, 처음에는 명확한 답을 찾을 수 없어 답답함이 가득했지만 그 만남이 지속될수록 뭔지 모를 작은 변화들이 느껴졌다. 스스로 만들어 낸 종교적 틀에 갇혀 있던 내가 점점 그 틀에서 벗어나 자유로워지고 기쁨을 만끽하기에 이르렀다. 그리고 묻는 것과 고민하는 것이 잘못이 아니라 그저 자유함을 위한 과정이라는 사실을 알게 되고 위안을 얻었다.

이 책을 통해 저자의 글과 만나는 독자들이 느끼는 것도 내가 그와의 만남에서 느꼈던 것과 다르지 않을 거라 생각한다. 그의 글을 천천히 읽으며 곱씹다 보면 어느샌가 가슴 벅찬 자유함을 느낄 수 있을 것이라 확신한다.

_김경 (이음숲교회 성도이자 저자의 절친한 형)

화가 났던 물음표들이 웃기 시작하는 순간

그의 글은 웃으며 내게 다가왔다. 웃길래 마음을 열어 주었더니 꽤나 묵직하게 들어왔다가 쓱 하고 나간다. 웃긴데 마냥 가볍지만은 않고 진지한데 너무 쓰지 않다. 지성 한 스푼, 감성 반 스푼, 영성 두 스푼, 위트 한 사발! 맛있는 글이란 이런 게 아닐까 싶다.

신앙 생활을 하면서 '묻고' 싶은 것이 많았다. '묻고 싶다'라고 쓰고 '믿고 싶다'라고 읽어야 하는 시절이 있었다. 허나 물음표는 교회 안에서 언제나 느낌표보다 열등한 것이어서 감춰 둔 물음표들은 언제부터인가 암호가 되어 버렸다. 하지만 그의 글에서 나의 암호들은 무참히 해독되기 시작했다. 나의 물음은 틀리지 않았다. 거기서 화가 났던 물음표들이 웃기 시작했다. 그리고 그 물음표는 느낌표로 바뀌고 그 느낌표는 마침표로 바뀌며 사유에 종점을 찍었다. 그리고 마침내 삶이라는 출발점으로 나아가게 만들어 주었다.

이 책은 광야에 내린 만나와 같다. 하지만 만나는 하루가 지나면 상해 버려 간직할 수 없던 하늘 양식이지만 이 책은 손에 쥐어져 간직할 수 있고 날마다 먹을 수 있는 하늘 양식이다. 이 얼마나 기쁜 일인가? 묻고 싶을 때, 믿고 싶을 때, 행하고 싶을 때 냉장고에서 초콜릿을 꺼내 먹듯 이 책을 꺼내 읽기를 바란다.

_**김정주** (팟캐스트 "떠람데오" 공동 진행자)

contents

Part 2

'어? 하나님이 나한테 이러시면 곤란하지'

Part 3

'요즘 교회들, 대체 왜 이러지?'

Part 4

'솔직히 나도 복 받고 싶다고!'

Part 5

'교회 밖 세상에도 하나님은 계실 텐데……'

Part 6

'내 인생, 지금 이대로 괜찮은 걸까?'

프롤로그

의심하되 끝까지 의심하라

교회 청년 P와 카페에서 대화를 하게 되었습니다. 모태 신앙인 P는 비록 중간중간 교회에 나오지 않은 적도 있었으나 이제는 속상해하실 어머니 마음을 생각하여 웬만하면 예배에 빠지지 않는 착한 친구입니다. 대화를 이어 나가다가 자연스레 신앙 이야기가 나왔습니다. P가 믿음에 대해 약간 회의적이라는 이야기를 들은 바가 있기에 그의 믿음에 대해 물었더니 쑥스러운 표정으로 대답합니다. "제가 의심이 많아서 그런지 안 믿어지는 것이 많아요."

자, 진술이 나왔습니다. 어찌해야 할까요? 곧바로 제 거룩한 손을 머리통에 얹어 의심 마귀 물러가라는 축귀 의식이라도 해야 할까요? 목 디스크 올 만큼 꾹꾹 눌러 줄 자신 있습니다. 아니면 은혜의 원펀치를 날려서라도 정신 차리게 만들어야 할까요? 모세 형님이 말씀하십니다. "네가 선 곳은 거룩한 땅이니 네 몸에서 머리통을 벗으라."

누군가에게 믿어지는 부분이 누군가에게는 그렇지 못할 때가 있습니다

넉넉한 이는 부자가 천국에 들어가기 어렵다는 말씀에 의문을 표하고 가난한 이는 들꽃조차 보호하신다는 말에 의문을 표합니다. 지극히 합리적인 인생들은 기적을 쉽사리 받아들이지 못하고 본래 성품이 유한 인생들은 구약에 기록된 하나님의 징벌이 이해되지 않습니다. 의문과 의심의 자리에 드는 것은 이처럼 지극히 정상적인 것입니다. 의심하는 마음이 생기는 것을 의심하지 마십시오.

의심을 의심해 봅니다. 과연 의심이 전제되지 않는 믿음이 존재할까요? 의심한다는 것은 오히려 대상에 최소한의 관심이 있다는 것을 의미합니다. 믿는다는 주장하에 하나님을 알고자 하는 노력을 포기하는 것, 이런 것은 오히려 믿음이 아니라 믿음을 가장한 무관심입니다. 무관심은 의심에 비교할 수 없을 정도로 조악한 것입니다. 의심은 상승을 위한 불편함이지만 무관심은 하락을 위한 방조이기 때문입니다. 주변에서 들리는 수많은 신앙 대화, 상징, 예식과 같은 종교적 익숙함을 자기 믿음의 근거로 삼지 마십시오. 오히려 하나님을 알고자 하는 욕망으로부터 믿음이 시작됩니다. 그런 맥락으로 목사 앞에서 자신이 의심이 많다며 겸연쩍어하는 P 역시 일명 '종교 피해자'라는 생각이 듭니다. 직접적으로든 간접적으로든 신앙에 있어 의심은 나쁜 것이라는 말을 들어 보았기 때문이죠.

의심해도 괜찮다, 괜찮아!

「아직도 가야 할 길」(율리시즈)에서 스캇 펙 박사는 "회의하기 이전의 하나님은 회의를 거친 후의 하나님과 전혀 다르다"라고 말했습니다. 「묻다, 믿다, 하다」는 바로 청년 P와 같이 의심 많은 자신의 모습 앞에 좌절하고 혹은 상처 받고 혹은 불안해 하는 이들을 위로하기 위한 책입니다. 또한 기독교 신앙을 이 시대의 언어로 설명하고자 평소 기록해 오던 것들의 모음입니다.

기존의 이해와 다르게 저는 신앙 여정에서 '의심'하는 것은 지극히 자연스러운 것, 아니 오히려 반드시 필요한 것임을 이야기하고 싶었습니다. 의심하지 않고 믿는다고 여기는 이들은 자기 기준대로 믿는다는 말로 퉁치고 있을 가능성이 농후합니다. 불편한 직면을 회피한 믿음은 순종해야 할 상황에서 넘어지기 마련입니다. 질문은 필요 없다는 쓸데없는 권위 의식과, 무지에 대한 부끄러움이 몽둥이로 변해서 오히려 의문과 의심하는 자들을 마구 때리기도 하지요. 이런 문화는 변해야 합니다.

예수님의 부활을 의심하며 못 자국에 손을 넣어 봐야만 믿겠다던 의심의 아이콘, 사도 '도마'. 그러나 그는 손과 발을 통해 예수님의 부활을 직면한 후에, 그 어떤 사도보다 헌신했습니다. 전승에 따르면 도마는 예수님의 명령대로 세상의 동쪽 끝이라 여겼던 인도까지 나아가 복음을 전하다 순교하였습니다. 이처럼 철저한 따름은 의심의 최고봉을 거친 이들이어야 할 수 있습니다.

이 책을 읽는 모든 독자와, 자신도 모르게 의심을 숨기고 있는 100만 의심인 여러분, 의심하되 끝까지 의심하십시오. 중간에 그만두지 마십시오. 성실함이 결여된 의심은 결국 자기 지성의 기만을 불러오고 목적 없는 회의주의자로 남게 합니다.

"의심하는 자여, 복이 있으리라!"

2018년 8월 손성찬

1

'꼭 그것만이 믿음은 아닐거야!'

"죄는 미워하되 죄인은 미워하지 말라."
기독교인들이 흔히 쓰는 표현입니다.
이 얼마나 멋있는 표현인지요.
그런데 사실 개호랑말코 같은 이야기입니다.
타인을 바라보는 시각을 감정과 분리한다는 것은
말처럼 쉽지 않습니다.
그렇게 무 자르듯 분리되는 것이 아닙니다.

놀아 볼 만큼 놀아 본 자는 복이 있나니

저는 망고 알레르기가 있습니다. 그런데 그 사실을 모른 채 망고를 먹고 고생한 적이 있습니다. 망고 때문에 올라온 피부의 수포를 치료하기 위해 피부과에 가야만 했지요. 병원은 크고 깔끔했으며 저를 담당해 주신 의사 선생님은 여자분이었습니다. 눈썹이 팔자로 변하면서 '그대의 아픔에 충분히 공감하고 있습니다'라는 굉장히 자애로운 표정과 리액션, 촉촉한 강아지 눈망울을 보이셨는데 이것만으로도 큰 위안이 되었습니다.

그런데 정작 환부는 제대로 살피지도 않고 제 말만 듣고는 채 1분도 되지 않아 진료를 마치는 게 아니겠습니까? 반면, 최근에 아내가 방문했던 다른 피부과는 이와 확연히 대조적이었습니다. 비록 병원 시설은 허름했지만 그 의사는 아내의 이야기를 상세히 듣고 환부를 자세히 확인하고, 이리저리 카메라로 찍으며 진찰하셨습니다. 심지어 낫지 않고 싶냐며 똑바로 하라는 호통까지 치시더군요. 서비스 정신이 개코만큼도 없어 보였습니다. 그런데 그다음부터 저는 어느 피부과에 다녔을까요? 맞습니다. 개코 같은 그 병원에 다녔습니다.

○

의사의 존재 목적은 환자에게 따뜻하고 달콤한 조언을 하는 것이 아니라, 설사 환자가 주저하더라도 적극적으로 개입하여 병을 치료하는 것입니다. 그렇기 때문에 예수님께서 자신을 의사로 비유하셨다는 사실은 꽤 의미심장합니다. 당시 유대인들에게는 하나님의 이미지가 판사봉을 손에 든 법관이었기 때문입니다. 법에 따라 옳고 그름을 판단하고 그 판결에 따라 상벌을 내리시는 분 말입니다. 지금도 여전히 하나님을 법관 이미지로 받아들이는 이들이 꽤 많은 것을 보면 이것은 인간 내면에 선재하는 종교심에서 비롯된 접근이라 여겨집니다.

예를 들어 자녀를 키우시는 부모들은 다 공감하겠지만 자녀 중에 누군가 아프면 어느새 자신이 하나님 앞에 실수한 것은 없는

지 떠올리거나 윤리적 문제에 대한 징벌로 여기기도 합니다. 이와는 반대로 새벽 예배와 Q.T로 진지하게 오늘 하루를 시작했다면 왠지 오늘 나의 모든 일정에 하나님의 가호가 충만히 임할 것 같은 느낌적인 느낌이 막 듭니다. 오징어가 자기 잘생겼다고 생각하는 것과 진배없는 근거 없는 자신감이지요.

이 구도 속에 가장 욕을 먹는 사람이 있으니, 그는 마가복음 2장에 기록된 세리 레위입니다. 그는 '하나님만이 나의 기업이므로 하나님께만 봉사하겠다'는 고백의 뜻이 담긴 이름을 가진 자입니다. 하지만 현실은 통관을 담당하는 세리로서 '헤롯이 나의 기업이므로 헤롯에게만 봉사하겠다'는 고백의 현장에 있었습니다. 그 이름의 역설이 사람들에게 몹시 큰 경멸을 자아냅니다. 아마도 레위는 자신의 이름 뜻대로 살지 못하는 현실 때문에 몹시 괴로워했을 것입니다.

예수님께서 이런 그를 보시자마자 쿨하게 한마디 하십니다. "나를 따르라." 그리고 그의 집에서 함께 식탁 교제를 하십니다. 이 식사가 꽉 막혀 있던 그의 심령을 시원하게 뚫어 주고 그의 삶에서 까먹었던 기쁨의 미소를 되찾아 줍니다. 이것이 예수님의 처방전이었지요.

하지만 이 처방전은 역효과도 불러옵니다. 사람들이 예수님을 레위와 더불어 패키지로 경멸합니다. 죄인과 식탁 교제하는 사람은 같은 죄인이라 여겼기 때문이지요. 그런데 이 난국에 예수님께서는 이렇게 말씀하십니다. "건강한 자에게는 의사가 쓸데없고 병든 자에게라야 쓸데 있느니라 나는 의인을 부르러 온 것이 아니요 죄인을 부르러 왔노라 하시니라"(마가복음 2장 17절). 성자 하나님은 법관이 아니라 의사였습니다.

○

텔레비전에서 방영한 〈골든타임〉이라는 의학 드라마가 있습니다. 시간이 꽤 지났지만, 아직도 이 드라마에서 기억나는 장면이 있습니다. 중범죄자를 쫓던 경찰이 총을 쏜 후, 그만 낙상합니다. 범죄자는 총상으로, 경찰은 낙상으로 응급실에 실려 옵니다. 그런데 하필 수술실이 부족합니다. 이 환자들을 맞이한 두 명의 인턴은 서로 다툽니다. 둘 다 당장 수술이 필요한데, 누구를 먼저 수술하느냐 ……. 더 위급한 범죄자인가, 아니면 의로운 경찰인가?

설왕설래하던 중, 담당 의사가 뒤늦게 들어와 두 사람의 상태를 진단하고는 아무렇지 않게 범죄자의 이름을 부르며 그를 먼저 수술하겠다고 말합니다. 그러자 경찰을 먼저 수술해야 한다고 주장한 인턴이 분노하며 어떻게 범죄자를 먼저 수술하느냐고 따집니다. 그러자 의사가 대답합니다. "이 사람의 이름은 ○○○이지 범죄자가 아니야. 그리고 의사는 그 사람이 누군지를 보는 게 아니라, 병의 상태를 보는 사람이다!"

진정한 의사는 이렇게 쿨내가 진동하나 봅니다. 맞습니다. 히포크라테스 선서에 충실한 진정한 의사는 환자의 조건이 아니라, 그의 병세의 위중함을 보고 치료합니다. 진정한 의사에게는 모든 인생이 동일하게 치료받을 권리와 가치가 있는 동일한 생명입니다.

언뜻 보면 어떻게 범죄자를 먼저 치료할 수 있느냐는 외침에 정당성이 있어 보입니다. 우리에게 익숙한 패러다임이지요. 모태신앙으로 자라 특별히 큰 죄를 저지른 적 없이 무난한 신앙 생활을 해온 사람일수록 위험합니다. 스스로 건강하다고 여기는 자가 의사를 찾지 않듯이 온실 속 화초처럼 어려움 없이 자란 사람은 예수님의 부름에 응하지 않습니다. 아니, 못합니다. 이것도 병입니다. 이 병이 무서운 것은 예수님을 믿는다고 해도 더는 예수님이 필요하지 않을 수 있기 때문입니다. 아이러니하게도 죄를 안 지으며 살아온 것이 더 큰 죄를 불러올 수 있지요.

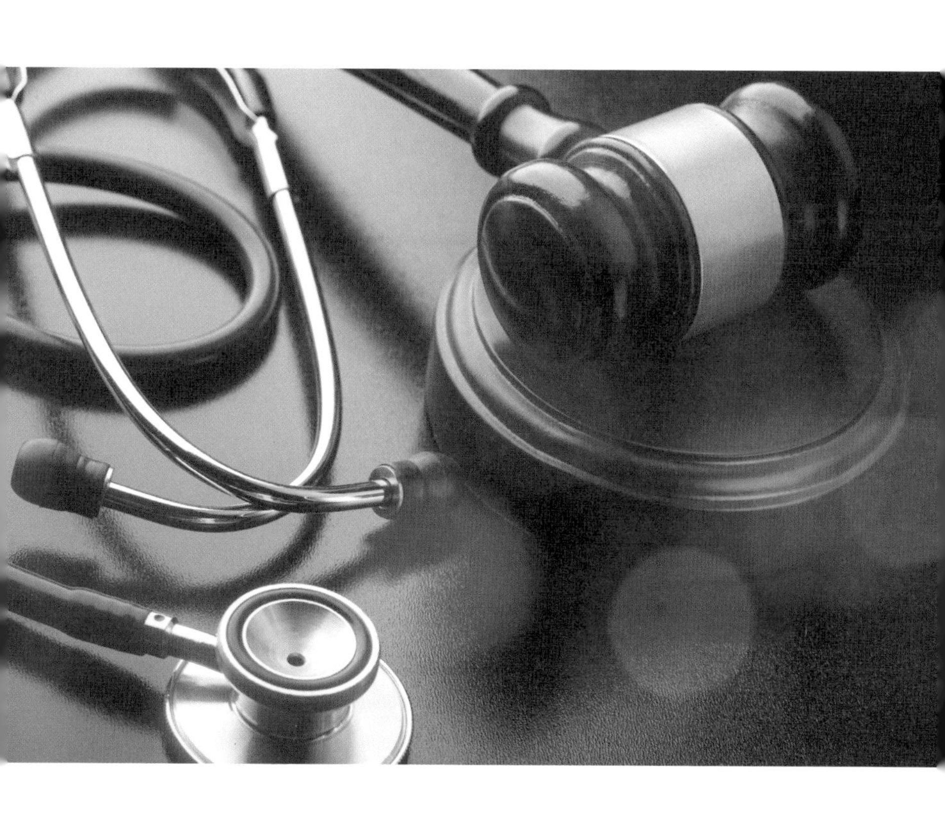

세계'영적'보건기구(WSHO)에서 이 병을 '영적 왕자(공주)병'이라고 명명하고 적색경보를 발령하였습니다. 그러나 이것은 특정인들에게만 해당하는 것은 아닙니다. 누구든 실제보다 잘나 보이길 원하는 방어 기제를 제쳐 놓고 자신을 세밀히 들여다보면 충분히 악한 자신을 발견할 것입니다. 그 때문에 우리는 모두 의사가 필요합니다. 치료의 첫 단추는 자신이 치료가 필요한 병자임을 인정하는 것입니다. 물론 쉽지 않지요. 예수님께서 한마디 하십니다. "얘들아. 차라리 죽은 사람 살리는 게 훨씬 편하다! 걔네는 말이라도 잘 듣지!"

○

"죄는 미워하되 죄인은 미워하지 말라." 기독교인들이 흔히 쓰는 표현입니다. 이 얼마나 멋있는 표현인지요. 그런데 사실 개호랑말코 같은 이야기입니다. 타인을 바라보는 시각을 감정과 분리한다는 것은 말처럼 쉽지 않습니다. 그렇게 무 자르듯 분리되는 것이 아닙니다.

누군가가 죄인으로 지목한 사람, 심지어 자기 기준으로 죄인이라 판단한 사람에게서 죄를 분리하고 감정을 갖는다는 게 과연 쉬울까요? 다들 그렇게 산다면 타인과 다툴 일도 없겠지요. 이 표현은 그들의 삶의 맥락을 이해하는 자리에서 충분히 대화해 보지 않은 이들이 쉽사리 사용해서는 안 되는 워딩(wording)입니다. 그런데 우리는 이 말을 자신의 종교적, 도덕적 우월성을 한껏 높이는 정신 승리의 언어로 쉽게 사용합니다. 참으로 답도 없는 병자들입니다. 그런데 이 병자들이 판사복을 입고 병원 입구에 서서 골든타임의 병자들을 돌려보내곤 하니 더 미칠 노릇입니다.

또 이런 경우도 있습니다. 자신은 말기라 손쓸 수 없다며 셀프 정죄에 맛 들인 착해 빠진 인생들이지요. 이런 분들은 누가 말하지 않아도 문득문득 자기 병세를 확인합니다. 클럽에서 열심히 놀다가 문득, 술에 쩔어 살다가 문득, 성적인 일탈 앞에서 문득, 호구지책을 위해 불의를 잘 참다가 문득, 더 벌어 보겠다고 눈코 뜰 새 없이 일하다가 문득, 마치 세관에 우두커니 앉아 있던 레위처럼 그렇게 문득문득 상념에 젖을 때가 있습니다. 이것은 영혼이 있다는 반증입니다.

오히려 의사 입장에서는 인정의 여지가 전혀 보이지 않는 1기 환자보다 인정하는 3기 환자가 훨씬 수월합니다. 그런 의미에서 예수님의 팔복을 패러디해 보고 싶습니다.

"놀아 볼 만큼 놀아 본 자는 복이 있나니,
저들의 허무함이 채워질 것이요.
살아보려 부정을 저지른 자는 복이 있나니,
저희가 정의롭다 일컬음을 받을 것임이요.
피곤함에 찌든 자는 복이 있나니,
저희가 안식을 누릴 것임이요."

이런 이들은 자기가 아프다는 사실을 알기에 의사의 말을 잘 따릅니다. 그래서 복이 있습니다. 그렇다고 너무 놀거나 부정을 저지르지는 마십시오. 비유는 비유로 받아들이기 바랍니다. 진정으로 복된 소식은 우리는 모두 태생적 의료보험 가입자이고 공제 한도가 없다는 사실입니다. 인정하고 찾기만 하면 됩니다. 예수님은 무상 의료 센터이십니다. 셀프 정죄자들도, 왕자(공주)병 환자들도 이제는 치료받읍시다. 「신도의 공동생활」(대한기독교서회)에 수록된 본회퍼의 메시지를 소환해 봅니다.

"너는 죄인이다. 굉장하고 대단한 죄인이다.
자, 죄인 된 모습으로 너를 사랑하시는
하나님께 나아오라.

그는 네 모습 그대로를 원하신다.
그는 너에게 은혜를 베푸시길 원하신다.
너는 네 자신과 형제들에게 마치 네가
죄가 없는 듯 거짓말을 계속할 필요가 없다.
과감히 죄인이 되라. 죄인 됨을 하나님께 감사하라.
그는 죄는 미워하지만 죄인은 사랑하신다."

그 죄인은 타인이 아니라, 바로 나입니다.

"아니오!"라고 말하는 신앙

저는 생긴 것과 다르게 실제로는 싫은 소리를 잘 못합니다. 화가 안 나는 것은 아니기에 종종 속으로 혼자 끙끙 앓을 때가 있지요. 아마 저같이 혼자 속 썩는 인생이 매우 많을 것입니다. 그래서 가끔 싫은 소리를 잘하는 사람을 보면 '저 인생은 자기 혼자 120살까지 살겠구나!'라는 생각도 듭니다. 솔직히 부럽기도 하고요.

사실 진짜 좋은 관계는 싫은 소리도 상대방 눈치 안 보고 할 수 있는 관계입니다. 끊임없는 "YES"의 남발이 건강한 관계에 대한 증거가 아니라, 아이러니하게도 "NO"라고 말할 수 있는 것, 그리고 이를 수용할 수 있는 것이 건강한 관계에 대한 핵심 증거입니다. 자신이 상대에게 예속된 것이 아니라 주체적으로 서 있다는 반증이지요. 그렇게 자유로운 두 사람 사이에 맺어지는 관계가 진정성 있는 건강한 관계입니다.

○

이것은 신앙에서도 그대로 적용됩니다. 하나님에 대한 신앙, 즉 믿음을 설명할 때 우리는 어떤 특정 '신조'에 대한 무미건조한 수용을 믿음이라고 하지 않습니다. 살아 있는 하나님과의 '인격적 관계'라고 설명하지요. 그런데 조심스러운 말이지만, 일명 '순종'에 대한 강박감이 나와 하나님의 관계를 지극히 피상적이고 수동적이며 일방적으로 해석하게 만듭니다. 그래서 누가 보면 하나님이라는 분은 인간들이 본인을 거절할까 봐 저 위에만 고고하게 계시는 줄로만 알 것 같습니다.

마태복음 21장 28-31절에는 재미있는 비유가 등장합니다. 일명 '첫째 아들과 둘째 아들'의 비유입니다. 아버지가 포도원에 가서 일하라고 하자, 첫째 아들은 즉각 "YES"라고 대답한 후, 정작 가지 않았고 둘째 아들은 "NO"라고 대답했다가 이내 후회하고 가서 일했다는 비유입니다. 예수님께서는 둘째가 아버지의 뜻대로 하였다고 결론지으십니다. 이 비유는 표면적으로 먼저 부름 받았다고 하는 유대인들이 예수님을 공격하고 반대로 버림 받은 것 같은 세

리나 창녀들은 예수님을 따르는 아이러니한 상황을 드러냅니다. 하지만 당대의 '아버지'가 갖는 권한에 비추어 볼 때, 사실 둘째 아들은 결과와 관계없이 악한 아들입니다. 그런데도 둘째 아들이 먼저 하나님 나라에 들어갈 것이라고 선언하시지요.

결국 말씀대로 가서 '했다'는 행동의 결과보다 아버지와의 관계에 주목해야 합니다. 예수님은 아버지를 무조건 추종하는 관계, "YES"만 대답해야 하는 비인격적인 관계가 아니라, "NO"라고도 말할 수 있는 인격적 관계에 대해 강조하시려던 것이 아닐까요? 당시 유대인들의 신(神) 관념, 즉 너무 초월적이어서 그 이름조차 부를 수 없는 신 야훼가 아닌, 성육신하여 우리와 인격적으로 관계하시는 하나님 예수님을 이야기하신 것 아닐까요?

결과에서도 차이를 드러냅니다. 무조건 "YES"를 날렸던 첫째 아들, 그런 유형은 아마 자기 유익에 따라 가능한 상황에서만 아버지의 말을 따랐을 것입니다. 하지만 둘째 아들은 자기 유익에 반하는 상황에서도 주체적으로 순종할 인간입니다. 그래서 담대히 말하고 싶습니다. 때론 "아니오!"라고 말할 수 있는 신앙이 건강한 신앙입니다.

우리에게 가장 아름다운 신앙이라 평가받는 '예' 신앙, 즉 무조건적 순종에 대한 지나친 강조가 사고하지 못하고 주체적으로 접근하지 못하는 기형적 신앙을 낳아 한국교회를 허물고 있습니다. 자끄 엘륄은 이런 말을 했습니다. "자유로운 사람들의 첫 번째 의무는 '아니오'라고 말하는 것이다."

○

오해하지 마십시오. 물론 '순종'은 아무리 강조해도 지나침 없는 엄청난 신앙의 미덕이자, 성령이 거하는 자들이 궁극적으로 맺는 열매입니다. 그러나 거절 없는 순종, 고뇌 없는 순종은 기계나 하는 것입니다. 또한 자기 경계성이 형성되지 않은 상태에서 하는 주체성 없는 신앙적 행위는 궁극적으로 소멸하게 됩니다. 즉 "아니오"를 안 해본 순종은 언젠가는 배반할 순종일 뿐입니다.

하나님과 우리 사이에는 뛰어넘을 수 없는 존재적 차이가 있습니다. 아무리 친근하더라도 적절한 경외심이 필요하지요. 다만 "NO"라고 말한다고, 설마 누가 하나님을 진짜 인간 친구처럼 대하겠습니까? 또한 하나님이 본인을 인간처럼 대한다고 화내실 정도로 속 좁은 분이라 생각하지는 않겠지요? 그럴 것이라면 애초에 성육신 안 하셨을 겁니다.

건강한 '경외심'은 학습에 의해 강요된 것이 아니라 친근함을 통해 발현되는 것입니다. 혹시 우리네 '경외심'과 그 권위에 대한 순종 요구를 '교회'와 '리더'의 권위에도 투영하여 강조하고 있는 것은 아닌지 돌아볼 필요가 있습니다. 하나님은 분명 'NO'를 받아 주십니다. 그게 건강한 믿음입니다.

교회 안에서도 건강한 'NO'가 등장하길 바랍니다.
평소에 건강한 'NO'가 없으면,
극단적인 'NO'가 발생하고 맙니다.

믿음이
부족해서 그래!

제 인생에서 최초로 하나님의 살아 계심을 실제로 강렬하게 느꼈던 경험이 있습니다. 중학교 3학년 때 일입니다. 작은 상가 교회에 얼마 없는 중고등부 학생들, 그 몇몇 형과 함께 당시 장충체육관에서 열린 〈경배와 찬양〉 집회에 참여했습니다. 엄청 신기했습니다. 그런 경기장도 처음이요, 꽉 채울 정도로 많은 회중이 함께 모여 목터져라 찬양 부르는 것도 처음 봤으니까요.

사실 우리 교회는 문화 혜택을 매우 늦게 누린 교회여서 집회에서 인도하는 찬양이 대부분 낯설었습니다. 그러다가 그 당시 누구나 다 아는 유명한 찬양인 송명희 씨의 〈나〉라는 곡이 흘러나오자 그제서야 자신있게 따라 부를 수 있었지요. 그러던 중 신기한 일이 벌어졌습니다. 갑자기 저도 모르게 하염없이 눈물이 터져 나왔습니다. 그렇게 시작된 울음은 특별한 감동이나 동인이 없었는데도 밤낮 가리지 않고 3일간 이어졌습니다. 밥을 먹을 때나 잘 때나 계속 눈물이 흘러서 아침에 일어나면 베개가 흥건히 젖어 있었습니다. 분명 침은 아니었습니다. 냄새도 맡아 봤거든요.

물론 이러한 경험을 모두에게 일반화할 수는 없습니다만, 당시 저는 꼴에 어디서 주워들은 것은 있어서 '이게 그 풍문으로만 듣던 회심의 순간인가 ……'라고 생각했습니다. 그래서 어린 마음에 그저 죽어라 회개하는 시간을 가졌습니다. 그때까지 지은 모든 죄를 색출하여 탈탈 털어 내려 노력했지요. 그렇게 온몸의 액체가 다 빠져나간 것 같던 시간을 보낸 후, 문득 누군가 물어보더군요. "얼마나 회개한 것 같아?" 저는 엄청 진지하게 고심한 후 이렇게 대답했습니다. "한 70퍼센트?"

○

지금 생각하면 오글거립니다. 기독교 신앙에 대한 개념이 없던 시절에 한 지극히 유치찬란한 답변이지요. 이처럼 어떠한 신앙적 행위들을 수치화하는 것은 굉장히 유치합니다. 그런데 놀랍게도 우리는 이와 같은 실수에 매우 빈번히 노출됩니다. 신앙적 실패나 좌절 이후에 '믿음이 부족해서 그래!'라는 생각을 많이 해보셨지요? 이어서 '더 큰 믿음의 사람이 되어야지!'라는 결단도 자주 해보지 않았습니까?

그런데 과연 믿음이 '작다' 혹은 '크다'라며 믿음의 크기를 재는 것이 가능할까요? 만약 이게 가능하다면, 제가 중학교 3학년 때 "한 70퍼센트?"라고 했던 답변도 사실 조금 더 구체적이었을 뿐이지 크게 이상한 답변은 아닐 것입니다. 그런데 왜 '70퍼센트'는 손발이 오그라들고 '믿음이 부족해서 그래, 더 큰 믿음을 가져야지!'라는 말은 신앙적으로 들릴까요?

사실 '믿음이 작다, 크다'라는 표현은 복음서의 예수님께서도 가끔 사용하셨습니다. 가장 유명한 것이 바다 위를 걷다가 바람에 일렁이는 파도 앞에 두려움을 느껴 물에 빠진 베드로를 향하여 말씀하신 표현이지요. "믿음이 작은 자여!"(마태복음 14장 31절). 그러나 여기 사용된 단어를 더 엄격하게 번역하자면, "믿음이 거의 없는 자여!"라는 뜻입니다.

그리고 복음서에서만 쓰인 이 단어, ὀλιγόπιστος(올리고피스토스)는 용례상 믿음의 크기가 작다는 의미보다는 '불신', 즉 '믿음 없음'이라는 의미와 더 어울립니다. 심지어 이와 관련된 상황이 등장합니다. 물 위를 걸어오시는 예수님을 향해 베드로는 이렇게 말합니다. "주여 만일 주님이시거든 나를 명하사 물 위로 오라 하소서"(마태복음 14장 28절).

○

사실 '주여!'라는 말은 우리가 매우 쉽게 사용하는 표현입니다. 그러나 본래 이 말에는 '나는 당신의 종이고 당신이 나의 주인'이라는 정체성의 확정과, 그 정체성에 따라 주님의 명대로 따른다는 절대적인 순복의 의미가 포함됩니다. 그런데 '주여!'의 뒤를 잇는 베드로의 말본새 좀 보십시오. 정체성을 망각한 이 얼마나 모순되고 광포한 요구입니까?

이는 15장에 등장한 일명 '수로보니게 여인'과 극명하게 대조됩니다. 예수님의 3단 공격에도 불구하고 끈질기게 매달리며 '주여!'라는 애끓는 외침을 쏟아 놓습니다. "여자가 이르되 주여 옳소이다마는 개들도 제 주인의 상에서 떨어지는 부스러기를 먹나이다 하니"(마태복음 15장 27절). 그리고 예수님은 이 여인을 향해 베드로와 비교되게 이렇게 말씀하십니다. "여자여 네 믿음이 크도다"(마태복음 15장 28절).

이처럼 두 사람에 대한 평가와, 그것이 반영된 맥락을 통해 유추하자면, '내 믿음이 부족해서 그렇다'라는 표현은 엄밀히 말해 틀린 말입니다. 믿음은 결국 믿는 대상의 정체성을 내가 어떻게 인식하느냐의 문제이기 때문입니다. 한때 유행한 '썸'이라는 노래에 "요즘 따라 내 꺼인 듯 내 꺼 아닌 내 꺼 같은 너"라는 후렴구 가사가 등장합니다. 물론 연애는 이렇게 할 수 있습니다. 아무리 울고 불고해도 구속력을 지닌 남편과 아내가 아니니까요. 그런데 '남편인 듯 남편 아닌 남편 같은 너'라고 한다면 이건 무엇입니까? 아무리 유려한 표현들로 포장해도 이건 그냥 불륜입니다.

성경이 하나님에 대한 '믿음'을 언약에 따라 맺어진 남편과 아내의 관계로 자주 표현하는 이유도 마찬가지입니다. 결국 믿음은 확고한 정체성의 문제이지요. '주인인 듯 주인 아닌 주인 같은 주님'이란 말은 그 자체로 말이 안 됩니다. 믿음은 'YES or NO'의 문제지 7단계 분류법에 따라 '없음-매우 작음-작음-중간-큼-매우 큼-완전함'으로 분류될 수 있는 것이 아닙니다. 예수 그리스도를 온전히 주님으로 믿는 단 하나의 큰 믿음을 제외하면, 아무리 날고 긴들 다 작은 믿음, 즉 '믿음 없음'일 뿐입니다. 본회퍼가 「나를 따르라」(복있는사람)에서 남긴 그 유명한 표현을 소환해 봅니다. "순종을 희생시킨 결과, 은혜가 지나치게 싼값이 되어 버렸다."

○

그런데 어찌하여 믿음에 대한 수량적 표현이 쉽게 회자되며 입에 착착 달라붙게 되었을까요? 솔직히 말해 'YES or NO'는 좀 불편합니다. 반면에 이를 크고 작음으로 나누면 어떠합니까? '나는 이미 그 안에 있는데 조금 부족할 뿐이야'라는 타협점이 성립되지요. 결국 스스로 자신의 주인 됨은 건들지 않고 신앙이라는 열매는 따 먹고 싶은 욕구를 적절하게 만족시키는 타협점을 찾을 수 있습니다. 결국 이것은 회색 지대에서 살고자 하는 우리의 욕망이 적나라하게 드러나는 표현입니다.

물론 믿음의 크기는 평가할 수 있습니다. 다만, 우리는 그것을 평가할 수 없습니다. 우리 중에 남의 믿음을 정확하게 통찰하여 그 수치를 볼 수 있는 사람이 있습니까? 그 정도를 매기는 것은 하나님이 아닌 자기 기준에 의한 것입니다. 오직 주님만 하실 수 있는 영역인데 말이죠. 그래서 '믿음의 크고 작음'이 인간의 교묘한 주둥이를 통해 터져 나오는 순간, 그것은 이미 하나님의 자리를 빼앗아 버린 오만한 말이자 회색 지대를 지향하는 자기만족 욕구가 짙게 깔린 비신앙적 표현임을 잊어서는 안 됩니다.

더는 '믿음이 부족해서……'라는 말 뒤에 숨지 맙시다. 차라리 "내가 믿나이다. 나의 믿음 없는 것을 도와주소서"(마가복음 9장 24절)라고 한 귀신들린 아이를 가진 아비의 외침이 더 솔직하고 더 실존적인 가능성을 보입니다.

대놓고 죄 짓는 게 아닌 이상 생활에서 이루어지는 신앙적 행위의 방법론에 대해서는 생각보다 훨씬 많은 여지와 자유가 있습니다. 그러나 믿음은 단 하나입니다. 그분을 주인으로 인정하느냐 인정하지 않느냐의 문제입니다. 물론 그렇게 팍팍하게 몰아가고 싶은 마음은 없습니다. 일상에서 '믿음이 크다, 작다'라는 말을 쓸 수는 있습니다. 다만, 내 기준으로 믿음의 크기를 판단하는 자리에서 벗어나 주인님께 이 판단을 맡깁시다.

그냥 기도하지 마시고
진정으로 '주인님'께 기도합시다.
그냥 말씀을 듣지 마시고 '주인님'의 말씀을 들읍시다.
그냥 아무런 신을 믿지 마시고,
주인 되신 예수 그리스도를 온전히 믿으십시오.

당신은 구원받았습니까?

1992년 10월 28일. 그때를 기억하십니까? 당시 저는 초등학교 4학년이었습니다. 아주 오래전이지만 이 사건만큼은 지금도 똑똑히 기억합니다. 교회를 넘어 한국 사회를 떠들썩하게 했던 다미선교회의 휴거 사태입니다. 이날 세상의 종말이 오고 선택된 자만이 휴거되어 하늘로 올라간답니다. 저는 어릴 때부터 한 번도 예배를 빠진 적 없고 암송 대회와 달란트 잔치를 늘 석권한 신앙 영재였으며 심지어 목사 아버지를 빽으로 둔 완벽한 그리스도인이었습니다.

그러면 뭐합니까? 그날이 다가올수록 몹시 불안하기만 했습니다. 위기감에 큰 결단을 했지요. '그래! 오락실을 끊자!' 당시 저에게 가장 큰 죄책감을 주던 것이었기에 손을 털기로 결단했습니다. 휴거를 믿지는 않았지만, 혹시 모를 일에 대비해 심지어 목사 아버지께도 숨긴 채 보험을 들어 놓는 치밀함을 보였습니다. 하나님께 잘 보여 어떻게든 천국은 가야 하니까요.

물론 계획대로 진행되지는 않았습니다. 초딩에게 오락실의 유혹이란 마시멜로 실험보다 더 혹독한 것이었습니다. 계획대로 오락실을 한 달 전부터 끊지는 못했지만, 그래도 한 주씩이나 끊었습니다. 드디어 D-DAY. 아침에 눈을 뜨니 다행히 아무 일도 일어나지 않았습니다. 등교하여 친구들에게 "나는 원래 그런 것 믿지 않았어!"라며 호방함을 자랑합니다. 그리고 뭘 했을까요? 하교 후 바로 오락실로 직행했습니다. 세간을 떠들썩하게 한 그날의 추억을 잊을 수가 없습니다. 오락이 장난 아니게 잘됐거든요.

○

한때 기독교계를 강타한 「구원의 커트라인」(베드로서원)이라는 책이 있습니다. 너무도 강렬한 타이틀이라 아직도 기억에 남습니다. 돌이켜 보면 정말 비성경적인 표현이지만, 당시 제 구원 개념을 가장 정확하게 설명하는 표현이기도 합니다. 금 면류관 못 써도 괜찮습니다. 개털 모자만으로도 족하니 구원의 커트라인 안쪽에만 머물러 천국 가길 바랐습니다.

신학교 시절, '미스터 바리새손'이라는 별명이 있던 저는 고3때조차도 새벽 예배 개근을 한 사람입니다. 그런 제가 꼭 말하고 싶은 것이 있습니다. 우리 인생은 절대 드라이클리닝이 안 됩니다. 처음에는 위인들을 추앙하며 코스프레하지만 이내 절망하게 되고 하다하다 안 되면 절대 평가에서 상대 평가로 넘어갑니다. 나보다 못하는 인간들과 대조하면서 상대적 깨끗함을 느끼고 좀 부족하지만 그래도 자신은 구원의 커트라인 안에는 속했다고 스스로 위안합니다. 이거 대단한 정신 승리입니다.

이처럼 구원의 커트라인을 유지하기 위해서 몸부림치는 인생들은 결국 끊임없이 도피하고 눈치나 보는 신앙인입니다. 그런데도 교회에 와서 자리에 앉는 순간, 물밀 듯 밀려오는 후회와 죄책감에 또 한숨 쉬게 되지요. '이게 말로만 듣던 구원의 날인가!' 하는 회심의 체험도 분명히 있고 누구에게도 꿀리지 않을 스파르타식 신앙 생활을 끊임없이 유지했지만, 저는 늘 불안했습니다. 저처럼 구원의 커트라인에 들어가기 위해 분주히 움직이는 바리새인들의 명맥은 이 시대에도 여전히 이어집니다.

○

'구원' 하면 생각나는 이들이 있지요. 바로 구원파입니다. 구원파는 특정 시점의 확인된 구원을 강조합니다. 그리고 그때의 구원으로 인해 훗날의 죄마저도 이미 다 사해졌다고 고백합니다. 언뜻 보기에는 극단적인 은혜의 충만으로 보이지만, 이미 구원받았다는 무리한 확증이 세상에서의 삶을 방종으로 이끕니다. 즉 이미 구원받았기에 어떻게 살더라도 관계없는 것이지요.

정통 교단에서는 이를 이단적 가르침이라고 규정합니다. 이는 '구원의 확신'과 전혀 관계없는, 구원을 너무도 가볍고 산술적으로 다룬 극단적인 오류입니다. 하지만 이런 구원파를 이단이라고 정죄하면서도 '구원의 확신'이라는 귀한 교리를 오용하며, 많은 사람이 셀프 구원을 획득하고 있는 것도 엄연한 현실입니다.

"당신은 구원받았습니까? 당신은 구원의 확신이 있습니까?" 신앙 생활 하면서 많이 들었던 질문입니다. 수련회에서 마이크 드신 분이 이런 종류의 질문으로 폭격기를 띄우면, 구원의 커트라인을 지향하는 이들은 그 심령에 융단 폭격이 떨어져 어쩔 줄 몰라 합니다. 또 어떤 이들은 마치 암기한 답을 내뱉듯이 기계적으로 "네"라고 발설합니다.

지금도 이 질문 앞에 얼마나 많은 이가 번민하는지요. 그런데 과연 그렇게 묻는 것이 성경적일까요? 이 질문이 가진 폭압성도 문제지만, 이것은 집단주의 성향이 강한 우리네 심성이 전혀 반영되지 않은 질문입니다. 또 기독교의 값진 구원을 사적 영역으로 가두어 버리는 문제도 유발합니다. 구원의 확신은 언약을 이루시는 하나님의 신실함과 성령 하나님의 일하심으로 가능한 것입니다. 그런데 성령의 내적 물으심이 아닌, 타인의 물음으로 답변하는 것이 과연 맞는지 의문이 듭니다.

한때 만연했던 이러한 질문이 오히려 반대급부로 '구원주의'를 야기했습니다. 기독교 신앙은 구원을 비롯한 모든 영역에서 '하나님'이 주체로 일하심을 수용하는 것입니다. 그런데 만약 하나님의 선물인 '구원'에만 그토록 관심이 집중된다면, 그 귀한 것조차도 우상이 될 수 있습니다. 구원주의는 결국 구원을 주시는 하나님에 대한 확신이 아니라 '구원의 확신'을 빙자해 자신이 소유하고 마는 구원으로 변질됩니다.

그러나 아이러니하게도 끊임없이 불안해합니다. 나아가 그 불안한 구원을 증명받기 위해 종교적 행위에 더 몰입하거나 구원받은 자와 받지 못한 자로 구별 짓고 적대적 관계로 몰아갑니다.

○

다들 학창 시절에 문제집 좀 풀어 보셨을 것입니다. 그리고 한 번쯤 이런 짓을 해보셨을 겁니다. 채점하다가 틀린 문제의 정답과 풀이 과정을 본 후, '아 나 이거 원래 알던 거야!'라며 맞은 거나 다름없다고 위안 삼는 것 말이지요. 우리는 타고난 사기꾼입니다. 틀린 것은 틀린 것이지요. 이런 행태는 심리적 만족감은 줄지언정 진정한 앎과 성장에는 방해가 됩니다. 이처럼 학창 시절부터 단련된 사기꾼 기질이 신앙 안에서도 반복됩니다.

그런 의미에서 기독교 구원의 핵심인 이신칭의(以信稱義)의 방점을 살짝 달리하고 싶습니다. '의(義)'가 아닌 '신(信)'으로 말입니다. 칭의, 즉 의의 영향력과 전가되는 방법 등에 대한 논의는 지극히 신학적으로 보입니다. 온전히 이해하기 쉽지 않습니다. 그렇기 때문에 작금의 조직신학과 성경신학 간의 치열한 갈등은 어찌 보면 당연합니다. 다만, 논쟁에 휘말리진 않더라도 구원의 토대인 '믿음'은 우리 실존과 관련되는 부분이기에 반드시 눈여겨보아야 합니다.

마태복음 16장에서 예수님은 제자들에게 이렇게 물으십니다. "너희는 나를 누구라 하느냐?" 그러자 베드로가 불세출의 고백을 남깁니다. "주는 그리스도시요 살아 계신 하나님의 아들이십니다." 구원이란 결국 예수님의 정체와 그분이 하신 일, 즉 십자가와 부활로 대변되는 대속의 은혜를 믿는 것입니다.

그런데 이 표현의 문자적 내용보다는 배경에 주목해 보았으면 합니다. 이 고백은 '가이사랴 빌립보'에서 이루어졌습니다. 이곳은 이스라엘 서북단 경계에 자리 잡은 도시이며 이름대로 로마 황제 '카이사르'를 위한 도시, 즉 로마군을 위한 인공 도시였습니다. 여기에는 가나안 땅에서 좀처럼 찾아볼 수 없는 독특한 건물인 '만신전'(Pantheon)이 있었습니다. 온갖 신을 모신 신전으로 그 정점에는 로마 황제 카이사르가 위치합니다. 즉 가이사랴 빌립보는 로마의, 로마에 의한, 로마를 위한, 철저히 로마 황제를 숭배하는 도시입니다. 그런데 카이사르가 주인 된 이곳에서 베드로는 예수만이 우리의 주인, 왕 되심을 고백합니다.

그래서 베드로의 이 고백이 위대합니다. 정확성만으론 후대에 더 잘 집약된 고백들이 즐비합니다만, 이 고백은 정확성이 아니라 최초의 실존성에 그 방점이 있는 것이지요. 이 놀라운 고백 앞에 예수님께서는 천국 열쇠를 선사하십니다. 이 열쇠는 베드로를 첫 번째 교황으로 하여 전승되는 비기(秘器)가 아니라, 이와 같은 실존적 신앙 고백이 이루어지는 모든 이(교회)에게 허락하신 구원의 권

세입니다.

○

그런데 이처럼 엄청난 내공이 담긴 실존적 고백을 군중 심리에 묻혀 내뱉은 고백과 동일 선상에 두는 것은 너무 안일하고 순진한 것 아닐까요? 물론 우리의 고백들이 다 허접하기에 효력이 없다는 말은 아닙니다. 그렇다고 하면 진한 고백을 짜내는 경험을 중요시하듯, 또다시 조건에 근거한 율법주의로 회귀될 수밖에 없습니다. 그래서 예수님께서 중요한 첨언을 하십니다. "이를 네게 알게 한 이는 …… 하늘에 계신 내 아버지시니라." 하나님이 일하셨기에 믿음의 고백이 가능하고 그 시인에 근거하여 진정 믿게 하시며 끝내 구원하십니다.

구원의 확신이란 타인의 질문에서 생기는 것이 아니라 그리스도인과 함께하시는 성령의 일하심 위에 피어납니다. 개인에게 귀속되는 것이 아니라, 성령 하나님의 일하심에 귀속됨을 확신합니다. 만약 "당신은 구원받았습니까?"라는 질문을 받는다면, 저는 이렇게 답하고 싶습니다. "저는 우리 구주 예수님을 그리고 그 예수님이 그리스도임을 믿습니다!"

삼위 하나님의 사랑과 그분의 열심으로
구원이 이루어짐을 기억하십시오.
더 이상 애매모호한 질문 앞에 갈팡질팡하지 말고
그분만을 의지하길 바랍니다.

2

'어? 하나님이 나한테 이러시면 곤란하지!'

살다 보면 때로는 하나님이 우리를
이끌어 나가시는 것 같지 않을 때가 있습니다.
물론 하나님의 살아 계심을 부정하지는 않지만
그분은 매우 수동적이신 것 같습니다.
실제 나와 우리 삶에 그렇게 적극적이시지도 않은 것 같고,
무엇보다 나한테 관심이 없으신 것 같습니다.

예수님만 아는
멍충이

요즘 제 아들은 틈만 나면 엄마한테 달라붙어 “엄마 좋아. 엄마 사랑해!”라고 말합니다. 아직 발음도 정확하지 않으면서 요따구로 애교를 떨어댑니다. 남자 녀석이 필요 이상으로 애교가 많습니다. 그런데 그 애교가 ‘요따구’로 보이는 것은 왜일까요? 저한테는 안 해줘서 그렇습니다. 우린 늘 그렇잖아요. 인생이 맘대로 잘 풀리고 관계가 늘 평탄하고 사랑받으면 누구나 온순한 양이 됩니다. 저도 그렇습니다. 제 아내에게 샘이 나더군요. 그래서 한번은 샘솟는 샘을 참지 못하고 아들에게 물었습니다. “아빠가 좋아, 엄마가 좋아?” 그랬더니 0.5초의 머뭇거림 없이 대답합니다. “엄마!”

이제 막 두 돌 지난 녀석의 발음 치고는 매우 빠르고 정확하고 단호했습니다. 물론 포기하지 않았습니다. 애들은 원래 뒤에 나온 것을 선택하기 마련이라는, 책에서 배운 육아 지식이 생각나서 순서를 바꿔서 물었지요. "엄마가 좋아, 아빠가 좋아?" 그랬더니 방금 전보다 0.1초 더 빠르고 더 정확하고 더 단호하게 외치더군요. "엄마!"

웃자고 물어봤는데 그렇게 확인 사살을 받고 나니 한 대 쥐어박고 싶더라고요. 물론 저는 화평과 온유의 사람이라 참았습니다. 그러고 나서 이 모든 참사를 똑똑히 듣고 있던 다섯 살짜리 딸내미에게 같은 질문을 해보았습니다. "우리 딸은 누가 좋아? 아빠가 좋아, 엄마가 좋아?" 그랬더니 이내 "아빠!"라고 하더라고요. 감동이 물밀 듯이 밀려왔습니다. 그런데 얼마 가지 않아 이 모든 것이 구라였음이 발각되었습니다.

잘 시간이 되어 이 감동을 살려 다시 딸내미한테 물어봤지요. "오늘은 아빠가 재워 줄까?" 그랬더니 단호하게 선을 긋더군요. 아빠랑은 절대 같이 못 자겠답니다. 이 말인즉슨, 아까 아빠가 좋다는 말 역시, 단지 그 상황 가운데 저를 배려한 우리 장녀의 따스함이었다는 겁니다. 한마디로 말하면, 결국 구라였다는 말이죠. 즉 이 녀석은 이미 관계의 감옥에 갇혀 버린 것입니다. 어찌 되었든지

진실은 숨기고 상황에 따라 구라를 능수능란하게 구사할 수 있는, 이미 순수함을 저버린 다섯 살입니다.

○

'어린아이'라는 말은 성경에서 굉장히 중요한 표현입니다. 무엇보다 복음서에는 천국이 마치 "어린아이와 같은 자들에게만 허락되었다"는 식의 표현이 반복하여 등장하기 때문입니다. 물론 복음서에 따라 혹은 그 표현이 나온 본문 위치에 따라 드러내고자 하는 의미가 조금은 다르겠지만, 과거에는 이를 해석하며 보통 아이들의 순수함을 떠올렸지요. 그러나 조금 더 생각해 보면 이내 깨닫습니다. 애들이 어디가 순수합니까? '젖먹이들'을 관상용으로 바라볼 때나 귀엽지요. 정작 키워 보면 옥수수 털어 버리고 싶을 때가 한두 번이 아닙니다.

물론 다수의 성경학자는 이 '어린아이 됨'을 가리켜 아이들의 '절대 약함' 그 자체를 의미한다고 말합니다. 저 같은 경우에는 '약함'이라는 결핍 역시 일종의 구원 조건으로 치환될 위험성이 있기에 한 발짝 더 나아가 부모에 대한 '절대 의존성', 즉 자기 부모 아니면 절대 안 된다는 그 강렬한 이기심이 오히려 천국 시민으로서의 동인이라고 생각해 봅니다.

그런데 '어린아이'를 표현함에 있어 조금 결이 다른 예수님의 가르침이 있습니다. "천지의 주재이신 아버지여 이것을 지혜롭고 슬기 있는 자들에게는 숨기시고 어린아이들에게는 나타내심을 감사하나이다"(마태복음 11장 25절). 여기서 '어린아이'의 의미 역시 '약함'이라는 뜻의 연장선상에서 바라볼 수 있으나, 의미가 더 한정됩니다. '지혜롭고 슬기 있는 자들'과 반대되는 속성의 인물을 상징하는 것이지요. '어리석음'이랄까요? 소위 '멍충이'지요.

앞에서 언급한 제 아들을 보십시오. 이 녀석이 멍충이 아닙니까? 눈치도 없고 누가 좋으냐는 제 질문에 전혀 상황 파악을 못 합니다. 나아가 집안의 절대 권력을 지닌 아빠가 아닌 엄마가 좋다고 대답하는 이 멍청함, 바로 이게 '어리석음'의 정체 아닐까요? 상황 및 관계에 대한 의식 혹은 자기 유익을 위한 노림수를 완전히 배제하고 멍청할 정도로 한 길만 선택하는 것, 바로 이것이 하나님 나라에서는 지혜입니다.

이런 지혜의 길을 선택한 사람이 성경에도 있습니다. 변화된 후 모든 복잡함을 내려놓고 오직 예수님의 명령과 사명을 따르기 위해 살아간 바울입니다. 목숨을 내놓기까지 말이지요. 그래서 그가 3차 선교 여행의 마무리로 예루살렘으로 복귀하려 할 때 수많은 이가 '하나님의 메시지'와 '예언'을 가지고 그의 앞길을 막습니다. 본인도 어느 정도 예상했기에 두려웠지만 이렇게 고백합니다.

"내가 달려갈 길과 주 예수께 받은 사명 곧 하나님의 은혜의 복음을 증언하는 일을 마치려 함에는 나의 생명조차 조금도 귀한 것으로 여기지 아니하노라"(사도행전 20장 24절). 바울은 단순하고 무엇보다 어리석었습니다. 그러나 그의 이 지혜로운 선택과 예수님을 따름이 로마 제국을 전복시키는 폭탄이 되었습니다.

○

멍충이, 자기 기대를 교묘하게 투영하지 않고 있는 그대로 보는 자들입니다. 그래서 예수님께 그 어떤 기대도 투영하지 않은, 율법을 모르고 순수한 상태에 있던 이방인들, 또 성경 지식이 없고 기대를 덜 투영한 과부와 고아와 여인과 병자들……. 이렇게 단지 구원자만을 바라던 이들이 빨리 복음을 수용할 수 있었지요.

굉장히 단순합니다. 천국에서 유일무이한 것은 '하나님' 그 자체뿐입니다. 그분만 잡으면 됩니다. 자크 엘륄은 「자유, 사랑, 능력에 관하여」(비아토르)에서 이렇게 말합니다. "겸손은 교만의 반대가 아니라 자신의 무권력에 대한 깨달음이다."

예수님께서는 이렇게 말씀하십니다. "수고하고 무거운 짐 진 자들아 다 내게로 오라 내가 너희를 쉬게 하리라"(마태복음 11장 28절). 이렇게 선포하시는 예수님의 찰지고 복된 음성에 반응하길 원합니다. 도대체 예수님을 통해 무엇을 보길 원합니까? 다 부질없습니다. 예수님만 보십시오. 더는 예수님을 믿는 것 때문에 성내고 분노하고 좌절하고 어영부영하며 실족하는 자리에 머물지 마십시오. 그 자리에서 벗어나십시오.

확신하건대, 앞으로도 우리는 많이 흔들릴 것입니다. 열라 많이 흔들리십시오! 주님은 눈 하나 깜짝 안 하실 겁니다. 우리가 모멸감을 드린다고 흔들릴 만큼 가벼운 사랑과 자녀 삼음이 아니니까요. 그렇습니다. 우리는 주님을 의심해도 주님은 결코 우리를 의심하시지 않습니다.

예수님만 아는 멍충이로 사는 것이
진정한 실속이자 지혜임을 알고
앞으로 나아가 봅시다!

그리스도인에게 우연이란 없다

신학교에 입학했을 때, 가장 신기했던 것은 그곳에 저와 비슷한 인간이 없다는 사실이었습니다. 지극히 홀리한 인생들만 모여 있기에 그저 황망했습니다. 결국 재미없는 신학 공부는 진작 뒷전으로 하고 열심히 놀았더랬습니다. 초중고 12년 개근에 빛났던 저는 신학과 입학 3주 만에 땡땡이를 치기 시작했습니다. 그때부터 학교에는 놀기 위해 갔습니다.

물론 혼자서는 못 놀지요. 다행히도 저를 푸른 초장으로 인도한 이들이 있었습니다. S 형을 중심으로 똘똘 뭉쳤지요. 물론 나름의 목적을 지닌 동아리도 만들었는데, 동아리 이름은 'M.S.S' 였습니다. 뭔가 있어 보이지 않나요? 다름 아니라 'Miteum(믿음),

Somang(소망), Sarang(사랑)'의 약어입니다. 글로벌했던 저희는 나름 동아리 성구도 있었습니다. "그런즉 믿음, 소망, 사랑, 이 세 가지는 항상 있을 것인데 그중에 제일은 RANDOM이니라." 이 구절을 이루기 위해 스타크래프트에 매진했습니다.

학교 축제가 다가오자 형들이 뭔가를 해보자고 제안합니다. 스타벅스가 막 도입되던 때, 최초로 학교에 야외 카페를 개장했습니다. 형들은 어찌나 입담이 좋은지, 형들에게 빠꾸기 날리는 법도 배웠습니다. 돌아보면 굉장히 큰 유산과 배움이 남은 만남이었습니다. 그들 덕분에 입심도 강해지고 늘 계획적으로만 살던 제가 충동적 삶에도 발을 들여놓게 되었으니까요. 무엇보다 아버지에게 눌려 쭈구리처럼 살던 제게 '한번 해보자!'는 자신감이 생겼습니다.

○

돌이켜 보면, 저희 만남은 참 우연이었습니다. 입학식 전, 오리엔테이션을 가는 버스 안에서 첫 만남이 이루어졌습니다. 버스 구조가 독특해서 맨 뒷좌석이 지하철처럼 서로 마주 보고 앉아 갈 수 있게 생겼는데 거기 쪼르르 앉아 있던 사람들이 바로 그들입니다. 다들 가기 싫은데 억지로 온 것 같은 인생들의 조합이었습니다. 우연히 그 자리에 앉으면서 시작된 만남이 대학 생활 내내 이어졌고 인생을 함께하게 되었습니다. 우연히 말이죠.

저의 군목 생활도 어찌 보면 계획의 실패와 우연의 연속이었습니다. 훈련을 받고 드디어 부대를 배치받을 때였습니다. 남방한계선 철책선에서 24시간 경계근무를 하는 GOP사단에 배치받는 것을 모두 당연시했지요. 열심히 하려고 있는 돈, 없는 돈 다 털어 전방 산악 지대를 누비고 다닐 중고 SUV까지 구매했습니다. 그런데 이게 뭡니까? 산 한 번 타지 않는 동해안 부대로 배치 받았습니다. 인생이 참 계획대로 되지 않습니다.

그런데 그곳에서 가장 큰 문제는 물리적인 결핍이 아니라, '주변에 아무도 없다'는 사실이었습니다. 한 번도 서울을 떠나 본 적 없는 저인데 배치받을 수 있는 곳 중 서울에서 가장 먼 곳으로 가게 됐으니 말이죠. 친인척이나 지인은 고사하고 동기조차 접할 수 없는, 철저히 고립된 곳이었습니다.

6개월 정도 지나고 메마른 겨울이 다가오니 정말 외로워서 미치는 줄 알았습니다. 혼밥은 물론이며 혼자 놀기의 달인이 되어 갔습니다. 그러나 조금 더 시간이 지나니 다른 것들이 눈에 보이기 시작했습니다. 그동안 분주했던 일상과 관계들을 내려놓고 혼자

지내며 아름다운 동해안 지역의 산과 계곡, 바다를 둘레둘레 다녀 보았습니다. 그곳의 자연은 참으로 아름다웠습니다. 그제야 자연의 아름다움과 그로부터 얻는 심미적 영성으로 제 시야가 넓어졌고 마음에 여유가 생긴 것이지요.

그리고 그곳에서 귀한 만남도 이루어졌습니다. 두 분의 상급부대 목사님을 만난 것입니다. 한 분은 저와 관심사가 전혀 다른 분이었기에 그분을 통해 저의 모난 성품이 중화될 수 있었습니다. 또 다른 한 분은 저에게 지금 제 아내를 소개해 주셨습니다. 이렇게 제 계획과 기대는 처절히 실패했으나 우연은 그렇게 필연을 만들어 냈습니다.

○

인생을 돌아보면 우연과 필연이 씨실과 날실처럼 교차하는 듯이 느껴지는 때가 많습니다. 최근에 일어난 극적인 사건이 하나 있습니다. 이웃을 사랑하라는 설교를 습관처럼 하던 어느 날 마음에 번민이 찾아오더군요. '내 주변 사람도 제대로 챙기지 못하면서 어찌 남들에게 이웃을 사랑하라 말할 수 있나?'

그때 갑자기 생각나는 한 사람이 있었습니다. M.S.S.를 같이 했던 K 형이었습니다. 그 형이 최근에 개인사로 인해 상황이 그리 좋지 않다는 이야기를 들은 적이 있었습니다. 가까운 곳에 살면서도 쉽사리 연락하지 못했습니다. 그런데 이 번민 앞에 용기를 내어 연락하고 만나게 되었습니다. 대학 시절에는 놀기만 하고 한 번도 진지한 신앙 이야기를 해본 적이 없던 저희가 두 시간 넘게 신앙 이야기를 했습니다. 헤어지기 전, 그 형이 제게 고백하더군요.

"사실 어젯밤, 인생에 대한 회의와 신앙적 번민이 몹시 강하게 찾아와 밤새 잠을 못 잤지. 결국 새벽녘에 '그래! 교회를 끊어야겠다!'라고 결심했어. 그런데 하필 오늘 너를 만나는 바람에 교회를 끊은 지 열 시간 만에 다시 다녀야겠다고 생각이 들었지 뭐야!"

할렐루야입니다. 사실 그날 그 형의 인생을 교화시켜야겠다는 마음을 먹고 나간 것은 아니었습니다. 단지 제 심령의 책무를 떨치기 위해 나간 것뿐이지요. 참 신기합니다. 우연도 이런 우연이 또 있을까요? 이런 것을 '필연'이라고 하나 봅니다.

○

저의 개인사와는 비교도 안 될 정도로 '필연적 우연'을 그리는 성경 본문이 있습니다. '에스더서'입니다. 에스더의 핵심과 결론이 무엇입니까? '자고로 예뻐야 하나님도 쓰신다?', '예뻐야 나라를 구할 수 있다?' 아니지요. 민족 최대의 시련과 고난 앞에서 모르드개가 그녀에게 선포한 이 한마디에 에스더서의 핵심과 결론이 담겨 있습니다. "네가 왕후의 자리를 얻은 것이 이때를 위함이 아닌지 누가 알겠느냐"(에스더 4장 14절).

전통적으로 페르시아는 왕후를 일곱 유력 가문에서만 선발합니다. 그런데 이런 전례를 물리치고 쟁쟁한 황족과 귀족의 딸들을 뒤로한 채, 유대 출신 유민의 에스더가 왕후로 선발된 것은 파격 중의 파격, 다른 말로 우연 중의 우연이었습니다. 그렇습니다. 1장 와스디의 폐위부터 마지막 부림절의 기원까지 에스더서는 때로는 드러내 놓고, 때로는 복선으로 이 모든 사건이 우연의 연속임을 집요하게 드러냅니다. 그 미묘한 표현과 맥락들을 들춰내어 각색해 보면, 우연의 연속이 단지 우연이 아니라 하나님의 필연이었음이 드러납니다.

결국 알지 못하는 때, 알지 못하는 방법으로 한 인생의 이면에서, 그리고 역사의 이면에서 은밀하면서도 정확하게 일하고 계시는 하나님의 섭리가 드러납니다. 이를 깨닫게 되면 하나님이 분명 나의 삶도 인도하신다는 확신이 쓰나미처럼 밀려오며 엄청난 감동에 사로잡히게 됩니다. 나아가 상황과 관계없이 흘러나오는 감사에 이르게 됩니다. C.S. 루이스의 말이 떠오릅니다. "나는 태양이 떠오른 것을 믿듯 기독교를 믿는다. 그것을 보기 때문이 아니라 그것을 통해 다른 모든 것을 보기 때문이다."

단언컨대, 그리스도인에게 우연이란 없습니다. 교의적 의미의 발언도 아니요, 숙명론적 의미의 발언도 아닙니다. 다만, 우리의 실존은 'By God'으로 이루어진다는 것을 기억하십시오. 우리의 인생은 신적 수동태로 이루어집니다. 물론 하나님은 우리를 충분히 존중하시기에 깐깐하게, 혹은 폭압적으로 개입하시지 않습니다. 다만, 우리 인생 여정을 긴 호흡으로 보고 계시며 나아가 우리가 속한 사회와 세계와 우주 이면의 역사 가운데 참여하시고 주도하시고 계획을 이루어 가십니다.

우리 인생 가운데 무기력한 숙명론이 어찌 있을 수 있겠습니까? 오히려 이 실존에서 샬롬을 누리는 이들은 그렇지 않은 이보다 더 적극적이고 진취적으로 살아 낼 수 있고 그렇게 살아 내야 합니다. "이때를 위함이 아닌지 누가 알겠느냐?"라는 모르드개의 선포 앞에 에스더는 "죽으면 죽으리이다"(에스더 4장 16절)라고 고백합니다. 이 고백은 신적 수동태의 실존에 의지하여 오직 그리스도인만

이 할 수 있는 신앙적 결기입니다.

○

독일의 '다하우 강제 수용소'는 나치가 유대인들을 가스실에 감금하여 무참히 죽인 홀로코스트 현장입니다. 예전에 그곳을 방문한 적이 있는데 그 참혹한 죽음의 현장을 돌아보니 오만 상념이 머릿속을 헤집더군요. 그런데 그곳에서 언제 죽을지 모르는 유대인들이 '우리는 왜 이곳에 존재하는가?'라는 질문 앞에서 끝까지 서로를 독려하며 묵상한 말씀이 바로 이 '에스더서'라고 합니다. 이 말씀 자체가 그 질문에 대한 답변이었기에 이를 마음에 새기며 버텨낸 것이지요.

유대인들은 늘 그러했습니다. 페르시아의 해방령으로 귀국한 후 폐허가 된 예루살렘에서도, 로마의 압제 가운데서도, 디아스포라를 통해 전 세계로 흩어졌을 때도, 그리고 홀로코스트의 비극 속에서도 자신의 실존과 현존의 이유를 찾아냈습니다. 지극히 기쁠 때만이 아니라, 쌍욕이 터져 나오도록 슬프고 고통스러울 때도 하나님이 인도하셨음을 받아들였습니다.

인생은 결코 계획대로 되지 않습니다. 대부분 우리 인생의 불만은 여기서 시작됩니다. 괜찮습니다. 충분히 표출하십시오. 맘껏 두려워하십시오. 하지만 누가 봐도 불쌍한 상황이 아니라면, 그리고 믿는다고 고백한 지 쪼매 되었다면, 이제는 인생의 주체를 명확히 합시다. 내 인생을 내가 통제할 수 있다는 객기에서 비롯된 염려보다는 하나님의 인격과 그분의 열심을 신뢰합시다. 우리는 하나님을 믿습니다. 이것은 하나님 외에는 나의 주권자가 없다는 고백입니다. 그렇다면 우리가 견지할 수 있는 유일한 삶의 자세는 '감사'가 아닐까요?

평생 '감사'를 지향하면서 삽시다.
아니, 조금 우악스럽지만,
간결하고도 강렬하게 표현해 보겠습니다.
이제 그만 닥치고 감사합시다!

고통이 있는 자리에
하나님은 어디 계신가?

저는 매년 봄, 새하얗게 벚꽃 피는 시절이 되면 늘 정신을 못 차립니다. 좀비송인 '벚꽃엔딩'을 얼마나 듣는지, 제가 장범준 씨 건물에 계단 하나 정도는 올려 준 것 같습니다. 문득 창밖으로 보이는 벚꽃을 응시하다 보니, 그간 왜 제 마음이 거시기 했는지 그 이유 하나가 생각납니다. '그 놈의 벚꽃은 왜 하필 고난 주간에 맞춰서 피어나는지…….'

워낙 전통적 신앙 방식으로 배우고 자라서 고난 주간에는 완전한 금욕 아래 나가고 싶은 충동을 극단적으로 자제해 왔지요. 그로 인해 반대급부로 생겨난 '봄타기'인지도 모르겠습니다. 언젠가 이때쯤 "하아, 난 왜 이런 집에 태어나서……"라고 내뱉었던 것이

기억납니다. 벚꽃은 방아쇠였을 뿐 아마 '금욕'이나 '물질적 결핍'이 '벚꽃'과 극적으로 대비되어 드러난 한숨 같습니다. 이 시기엔 '세상에 나 같은 사람은 없어! 나 같은 인생도 없어!'라는 생각에 사로잡혀 스스로 더 암울하게 만들었지요.

군목으로 사역하면서 만난 수많은 관심 병사가 자기 이야기를 하는 것을 들으며 다시금 제 한숨들이 기억났습니다. 사실 더 안 좋은 상황에 놓인 이들도 꽤 많은데 다들 자기만큼 힘든 사람은 없다고 한결같이 생각하더군요. 사람은 다 그런 것 같습니다.

○

맞습니다. 어떤 고통의 문제가 찾아올 때 '아! 왔구나. 고통 받을 때가 되었구나' 하며 그냥 받아들이는 사람은 거의 없습니다. 이 정도면 제정신이 돌아올 때까지 좀 맞아야 합니다. 정상적인 사람들은 '도대체 왜?'라고 외치며 그 이유를 알고 싶어 합니다. 그리고 납득할 만한 설명과 이해가 주어지지 않으면 그게 더 큰 고통의 원인이 되기도 합니다.

문제는 그리 나쁘지 않은 사람일 때입니다. 예를 들어, 세월호 사건에 우리가 더 아파하는 것은 구조 과정의 문제도 있었지만,

무엇보다 '아이들'이 희생되었기 때문이죠. 그것도 어렵게 사는 착한 이들 말입니다. 그러니까 더 납득이 안 됩니다. 산술적으로는 같은 하나의 생명이지만, 노인의 죽음과 아이의 죽음이 다르게 느껴지고 전혀 관계없는 미국의 한 여성이 죽은 것과 내 어머니가 죽은 것은 전혀 다르게 다가오기 마련이지요.

성경에서 가장 극적이면서도 쉽게 다가오지 않는 본문 중 하나가 욥기입니다. 욥의 이야기는 아무리 의롭고 선한 자에게도 고통이 찾아올 수 있음을 명시합니다. 그런데 고통의 이유가 참으로 이상합니다. 욥을 꺾고자 하는 마귀의 간청을 하나님이 용인하셨고 이 논의를 전혀 모르는 욥이 극한의 고통을 온몸으로 감내합니다. 이유도 모른 채 자신이 태어난 날을 저주하는 욥의 절규가 들리지 않습니까? 그런데 말은 바로 해야지요. 결국 하나님이 욥이라는 인생을 두고 마귀와 내기 하신 것 아닙니까? 그렇다면 하나님은 당연히 욥에게 설명하셔야 할 의무가 있습니다. "미안하다. 마귀가 하도 깝죽대서 내가 짬짜미 좀 했다. 놀랐지? 조금만 참으면 두 배로 갚아 줄게."

그러나 욥기 어디에도 고통의 원인에 대한 설명은 없습니다. 심지어 이 황망한 소식을 듣고 그를 위로하기 위해 찾아온 친구들은 신앙의 이름으로 이루어지는 폭력이 무엇인지 몸소 보여 줍니다. "네가 무언가 잘못해서 그렇다. 실토하고 용서받아라!" 하며 그나마 남아 있는 욥의 쥐꼬리만 한 기력마저 탈탈 털어댑니다. '때리는 시어머니보다 말리는 시누이가 더 밉다'는 속담이 여실히 적용됩니다. 이 시대에도 여전히 횡행하고 있는, 신앙의 탈을 쓴 마계신공이지요.

○

이 정도는 아니지만 우리네 인생 여정 가운데도 고난의 순간은 찾아옵니다. 대부분 평범한 인생은 계획한 대로 흘러가지 않습니다. 게다가 예상치 못한 고난이 찾아올 때면 한없이 작아지고 이내 좌절하고 맙니다. 여러 가지 방편으로 이를 해소해 보고자 노력하지만 그렇게 쉬운 것이 아님을 스스로 깨닫습니다. 그래서 이런 생각에 잠기기도 합니다. '차라리 차에 치어서 병원에라도 누워 있고 싶다.'

인간의 한계는 바로 이러한 고통의 문제 앞에 명백히 드러납니다. 평소에는 신에 대해 무관심하던 사람도 생득적 개념의 신을 찾게 되고, 신앙인들은 평소에 잘 찾지도 않던 하나님을 목 놓아 부르기 시작합니다. 고통의 이유에 대한 '설명'과 그로부터의 '구원'을 요구하지요. 그리고 조금이라도 사회적 감수성이 있는 사람이라면 타인의 심각한 고통을 보며 이내 질문합니다. "하나님은 사랑이시라면서 어찌 이런 고통을 허락합니까? 정말 살아 계신 것 맞습니까? 아니면 무력하신가요? 도대체 뭘 하고 계신 겁니까?"

물론 기독교는 이 문제를 외면하지 않았습니다. '신정론' 즉 이해하지 못할 고통에도 신의 정의와 정당성이 있다는 변증 방식으로 풀어 왔습니다. 논리적입니다. 그러나 지혜로워야 합니다. 이것은 그 현장에 직접 속해 있지 않을 때, 혹은 상황이 다 정리된 후에나 할 수 있는 말입니다. 지금 직접 고통을 겪는 당사자에게 던져서는 안 되는 답변이자 논의입니다. 차에 치어서라도 병원에 누워 있고 싶다는 생각이 정상은 아니지 않습니까? 이성이 마비된 고난의 시간에는 논리적 답변이 사실 공감되지 않습니다. 오히려 "신적 정의"라는 워딩에 더 큰 분노를 일으킬 뿐이죠.

대학교 2학년 때, 저 자신의 신앙 없음과, 신학생이라는 신분의 모순됨으로 인해 머리가 빠개질 것 같았습니다. 게다가 저의 죄성과 죄 된 행위들 때문에 영혼이 탈탈 털렸습니다. 몹시 괴롭고 미칠 것 같았습니다. 이렇게 좀비처럼 늘어져 있던 제 옆을 지켜 준 한 친구가 있었습니다. 그 친구는 저와 온종일 함께하며 위로해 주었습니다. 아무것도 하기 싫어 눈 감고 누워만 있던 저를 자신의 동아리 방으로 데려가 눕게 해주었습니다.

잠도 오지 않으면서 그저 눈만 감고 있던 그때, 그 친구가 문득 기타를 치며 저를 위해 찬양 한 곡을 불러 주더군요. 듣다 보니, 저도 모르게 따라 부르게 되었고 이내 눈물이 흐르기 시작했습니다. 남 앞에서 그렇게 울어 본 건 처음이었습니다. 그날 이후로 저는 말끔히 회복되었습니다. 어떤 논리적 설명과 해답을 찾은 것은 아니었지만, 친구의 그 '함께함'이 제 영혼을 일으켰음을 확인할 수 있는 순간이었습니다.

○

욥기는 욥이 모든 것을 두 배로 회복한 이야기로 끝납니다. 그렇다면 이 보상이 진정한 위로인가요? 우리는 쉽게 놓치지만, 사실 그 이전에 이미 위로가 주어졌습니다. 고통의 시작 직후인 욥기 2장에 이런 이야기가 나옵니다. "그때에 욥의 친구 세 사람이 …… 욥을 위문하고 위로하려 하여 서로 약속하고 오더니, 눈을 들어 멀리 보매 그가 욥인 줄 알기 어렵게 되었으므로 그들이 일제히 소리 질러 울며 각각 자기의 겉옷을 찢고 하늘을 향하여 티끌을 날려 자기 머리에 뿌리고, 밤낮 칠 일 동안 그와 함께 땅에 앉았으나 욥의 고통이 심함을 보므로 그에게 한마디도 말하는 자가 없었더라"(욥기 2장

11-13절).

물론 이후에는 혈압 테러범이 되었지만, 처음 일주일 동안 세 친구는 진정 욥을 사랑하는 마음으로 함께 울며 그 고통에 동참했습니다. 단 한마디 말이 없던 이 시간의 '함께함'이 욥에게 임한 최초의 위로였을 것입니다. 이 위로를 위해 보냄 받은 친구들이 심판관으로 변질되니 훗날 하나님의 심판을 받게 된 것이지요.

맞습니다. 그냥 입 닫고 함께하면 됩니다. '말'보다는 나를 격정해 주는 '존재'가 필요합니다. '함께함'이 주는 위로의 등급은 그야말로 A++입니다. 고통 가운데 있을 때, 가장 힘든 것이 바로 외로움입니다. 아무리 주변에 사람이 많아도 홀로 있는 것 같습니다. 오만상 다 써가며 자신의 외로움을 몸서리치게 드러내지요. 그럴 때 이유를 묻지 아니하고 그가 힘든 이유를 설명하지 않아도 단지 함께 있어 주는 것, 이런 '함께함'은 인간이 할 수 있는 최고의 위로입니다. 하나님이 이미 본을 보이셨습니다. 육신을 입고 내려오셔서 물리적으로 직접 함께하셨습니다. 예수님의 이름이 '임마누엘' 즉 '하나님이 우리와 함께하신다'라는 뜻임을 잊지 마십시오.

물론 인간의 위로는 한계가 있습니다. 하나님의 위로가 참된

것이지요. 그런데 너무 추상적이지 않나요? 하나님은 신적 능력으로 평안의 감정을 마음에 넣어주셔서 우리를 위로하실 수도 있습니다. 그러나 하나님이 위로를 주시는 주된 통로 중 하나는 다름 아닌 사람입니다. 그 때문에 예수님의 제자는 '함께함'을 구현해야 합니다.

이웃, 특별히 고통의 문제를 겪고 있는 사람들과 함께하며 결핍을 안아 주고 그 고통의 지점을 복음으로 어떻게 채워 나갈 수 있는지에 대해 증언하는 것이 제자의 사명이자, 교회의 사명입니다. 필립 얀시는 「내가 알지 못했던 예수」(IVP)에서 이렇게 표현합니다. "'고통이 있는 자리에 하나님은 어디 계신가?' 지금까지 내가 수없이 물은 질문이다. 이에 대한 답은 질문을 달리할 때 찾을 수 있다. '고통이 있는 자리에 교회는 어디 있는가?'"

대학교 2학년 때 저와 함께하며 위로해 주던 그 친구가 지금 괴로워하고 있습니다. 신앙 문제와 경제적 어려움, 가족 관계까지 얽혀서 심령이 피폐합니다. 한때 구령의 열정으로 불탔던 녀석이 어느덧 타인과 관계를 꺼리고 호구지책의 문제로 교회도 잘 나가지 않습니다. 그의 문제는 현재 진행 중인데 제가 늘 함께할 수 없다는 게 몹시 슬프고 죄스럽습니다. 말을 안 해서 그렇지 주변에 이런 사람들이 분명히 있습니다. 괜찮다고 말해도 절대로 괜찮은 게 아닙니다. 혹시 지금 그러한 고통 가운데 계시면 이 자리를 빌려 심심한 위로를 보냅니다.

당신은 결코 혼자가 아닙니다.
그리고 암흑의 터널을 빠져나오셨다면,
최소한 출구라도 보이신다면
주변에 침잠해 있는 분들의 손을 잡아 주시길 바랍니다.

정답 없는 신앙

사람들이 고민을 가져와 "어떻게 해야 하나요?" 하고 물을 때가 있습니다. 긴장됩니다. 혹시 내 말이 잘못 전달되어 그릇된 신앙적 확신을 가질까 봐서요. 혹시 내 말이 마치 유일한 정답처럼 들리면 어쩌나 하는 걱정도 됩니다. 물론 세상 쓸데없는 기우입니다. 왜냐하면, 어차피 제 말을 안 듣거든요. 밥 사주고 커피 사주고 이야기까지 다 들어주고 고심해서 조언해 주면 고개를 끄덕이지만 나중에 보면 결국 듣지 않고 있더군요.

결국 자기 하고 싶은 대로 합니다. 듣는 자 코스프레였을 뿐이지요. 맞습니다. 하나님 말씀도 안 듣는데, 키워 준 부모 말도 안 듣는데, 목사같아 보이지도 않는 젊은 목사 말을 듣겠습니까?

그런데도 이 질문 앞에 생각이 많아집니다. "어찌합니까? 어떻게 할까요?" 임재범의 〈고해〉라도 불러야 하나요? 사실 이 질문의 핵심은 "목사님의 생각을 듣고 싶습니다"가 아닙니다. 비록 청자는 저일지 몰라도 화자의 본의는 자신을 향한, 자신을 위해 예정된 하나님의 뜻을 정확히 알고자 하는 일종의 신탁 요청입니다. 즉 '하나님의 뜻'을 묻는 것이죠. '정답 찾기'처럼 말입니다.

○

우리는 정답을 사랑합니다. 빨리 정답을 얻기 원하고 때로는 정답이 없는 부분에서까지 정답을 요구하거나 강요합니다. 학창 시절에는 미처 몰랐는데 수많은 심상이 담긴 '시'라는 문학 장르를 배울 때마저 정해진 답을 요구한다는 사실이 이제야 살벌하게 느껴집니다. 그래서 시인 본인도 답을 틀리는 아이러니한 상황이 발생하지요. 상황과 맥락에 따라 깊이 생각해야 하는 '윤리'라는 과목도 그러합니다. '도덕'도 아니고 '윤리'라는 주제를 어찌 오지선다 내지는 단답형으로 몇 초 만에 풀 수 있나요?

이처럼 그 상황과 맥락에 대한 이해 없이 빠른 시간 내에 좋은 놈과 나쁜 놈을 쉽게 판단해 버리는 우리네 교육, 이런 터전에서 자라난 우리는 어느덧 정답 추종자가 되어 버렸습니다. 이런 우리에게는 '하나님의 뜻'도 지극히 결과 중심적이며 정확히 딱 떨어져야 하고 빠른 시간 내에 주어져야만 하는 것으로 여겨집니다.

우리는 하나님의 말씀조차도 그렇게 받아들입니다. 하나님이 특별히 지시하여 이루어진 성경 속 일부 사건들처럼 나에게도 구체적인 뜻을 알려 주시길 갈구합니다. 그 통로가 주로 '목사의 입'이지요. 그런데 돌아볼 필요가 있습니다. 구체적인 하나님의 뜻을 묻는 의도를 유심히 보면, 순수하게 그 뜻을 구하는 이들도 있지만, 간혹 무속 신앙적 접근일 때가 많습니다. 혹은 온 국민이 앓고 있는 '결정 장애'의 책임을 하나님께 토스하고 싶은 의도도 있지요.

그런데 성경에서 '하나님의 뜻'이라 불릴 만한 것들은 그런 의도와 벗어나 있는 듯합니다. 하나님의 뜻을 묻는다는 거룩한 워딩 아래 모든 에너지를 소진하고 정작 하나님의 의중과 빅 픽쳐를 파악하려는 노력이 부재한 것은 아닌지 돌아보아야 합니다. 하나님은 정해진 뜻과 남겨진 뜻을 이어받아 자유롭고 창의적으로 활동할 장성한 자녀를 원하시지요. 족집게 정답에 집착하는 우리와 달리 하나님의 뜻이 허용하는 범위는 우리 생각보다 훨씬 광대하다는 사실을 잊지 마십시오.

○

시선을 돌려 봅시다. 우선 우리가 인정해야 할 사실이 하나 있습니다. 이 세상을 일컫는 또 다른 이름이 바로 '광야'라는 사실입니다. 즉 우리가 서 있는 터전은 마이크로 컨트롤 한다는 것이 무의미한 곳입니다. 참으로 메마릅니다. 인간 사이에서 느껴지는 감성은 나를 풍요롭게 하기보다는 더 무미건조하게 인도합니다. 누가 도대체 '공동체'를 운운하는지요? 공동체는 사람이랑 하는 건데 이건 완전 동물의 왕국이잖아요. 직장 생활은 어떠합니까? 가족 같다면서요. 그런데 가족한테 그러면 안 되지요. 애정과 사랑을 갈구하지만, 우리가 직면하는 모든 사회 현장은 우리를 타는 목마름으로 인도합니다.

또한 어디가 바른길인지도 모르겠습니다. 잠시 수목이 우거진 곳을 만나면 이내 그간의 고통을 잊기도 하지만, 또다시 뜨거운 바람과 타는 목마름, 그리고 말도 안 되는 낮밤의 일교차 속에 몸서리치게 되는 곳이 바로 광야입니다. 인간의 그 어떤 노력도 무위로 돌리는 통제 불가능한 '광야'는 정말 그리스도인이 살아가는 세상 아니, 살아 내야 하는 세상을 잘 반영합니다.

스탠리 하우어워스의 회고록 「한나의 아이」(IVP)의 한 구절이 우리 마음을 사로잡습니다. "통제하지 못하는 상태를 인정하는 데서부터 삶에 대한 상상력이 열린다."

떠올려 보십시오. 그리스도인들에게는 공동의 기억이 있습니다. 그 광야를 살아 낸 기억 말입니다. 40여 년간 광야를 유랑한 이스라엘 백성입니다. 그 각박한 환경을 능히 살아 낼 수 있었던 것은 다름 아닌 불 기둥과 구름 기둥 때문이었습니다. 구름 기둥이 낮에는 이글거리는 태양으로부터 지켜 주고 불 기둥이 밤에는 뼛속까지 스며드는 한기를 막아 주는 보호 역할을 감당했습니다.

그렇습니다. 기둥의 일차적인 의미는 "어찌해야 하나요?"에 대한 답을 말하는 '방향 제시' 이전에 '보호'입니다. 기억하십시오. '하나님의 뜻'이라 불리는 것들의 근원적인 의미는 무엇을 하고 말고 이전에 '보호'입니다. 하나님은 우리가 스스로 진영 밖으로 뛰쳐나가지 않는 이상 한 영혼도 버리지 않으십니다. 더불어 움직일 수 있도록 소외되지 않게 품고 계십니다. 무엇보다 그 40년간의 무수한 실패에도 불 기둥과 구름 기둥은 늘 그 자리에 있었다는 사실이 감동을 선사하지요. '하나님의 뜻'이 참으로 궁금합니다. 그런데 이 하나님의 뜻이 여전히 우리 곁에 머물며 우리를 보호하고 있기에 오늘 살아 있다는 사실을 인정하는 데 더 집중해 봅시다.

그리고 이러한 하나님의 뜻에 대한 반응을 보십시오. "이틀이든지 한 달이든지 일 년이든지 구름이 성막 위에 머물러 있을 동안에는 이스라엘 자손이 진영에 머물고 행진하지 아니하다가 떠오르면 행진하였으니"(민수기 9장 22절). 심지어 '일 년이든지'라고 말합니다. 한자리에 오래 머물수록 그 자리를 뜨는 게 말처럼 쉽지 않습니다. 결국 아무리 자기 주관이 강한 인생일지라도 언젠가는 깨닫게 됩니다. 자기 계획대로 되는 삶은 없다는 것을 말이죠. 그저 주어진 환경 가운데 감사함으로 최선을 다하고, 어느 날 문득 닥쳐온 구름 기둥의 움직임에 '아멘'으로 순복하며 살아가는 게 인생의 전부임을 깨닫습니다.

○

그런데 이것은 반대 메시지도 선사합니다. 저 구름 너머에 광야에는 좀처럼 보기 힘든 수목 지대가 있을지라도, 즉 저 앞에 정주하기 좋은 대지가 아무리 펼쳐졌을지라도 만약 구름 기둥이 머무른다면 멈추어야만 합니다. 멈추는 것도 순종이고 믿음입니다. 자신의 인생 궤적이 꽤 좋다고 자빽하는 인생들은 잘 멈추지 못합니다. 가는 것만 생각하기 때문이지요.

하나님의 뜻을 알고 싶다고요? 때로는 너무 명확히 아는 것이 괴로울 때도 있습니다. 그 자리에 머물고 싶으나 떠나라 하실 때, 반대로 계속 가고 싶으나 멈추라 하실 때 참으로 괴롭지요. 그래서 우리는 자신의 나태함을 하나님의 뜻으로 포장하여 그 자리를 고수하려 하거나 반대로 자기 열정과 욕심을 하나님의 뜻으로 포장하여 계속 나아가려 합니다. 이러한 우리네 욕망 가운데 하나님의 뜻을 찾기란 아득히 멀어 보입니다. C.S.루이스는 「고통의 문제」(홍성사)에서 이렇게 말합니다. "우리가 할 수 있는 가장 고귀한 활동은 주도하는 것이 아니라 반응하는 것입니다."

광야에서 '방향'이란 무의미합니다. 그런 면에서 광야 같은 세상을 살아가는 우리에게 사실 '정답'이란 없습니다. 그런데도 굳이 정답을 찾고 싶다면, 그토록 원하는 정답을 드리지요. 정답은 하나님입니다. 신앙을 갖는다는 것은 하나님께 정답을 받아 내가 살아가는 것이 아니라 정답이신 하나님을 의존하며 그분께 이끌려 여정으로 나아간다는 것입니다. 그리고 한 가지 더, 하나님을 진정 믿고 의지하는 자라면 하나님을 사랑하고 이웃을 사랑하는 그 현장에서 당신이 하는 바로 그것이 정답일 것입니다.

우리의 존재 자체가 최고 정답에 딱 달라붙어 있는
또 다른 정답이 되길 바랍니다.

설명 없는 하나님

누군가 "목사님도 괴로웠던 적이 있나요? 그래도 신앙으로 다 이겨 내시죠?"라고 묻는다면 손목 스냅을 다하여 찬양 제목처럼 '온맘 다해' 불꽃 싸다구를 날리고 싶습니다. 성령님을 두 눈으로 볼 수 있을 만큼 말이죠.

작년 봄이었습니다. 심력이 다 소진되어서 껍데기만 남은 것 같았습니다. 항상 자신감에 차 살았기에 저는 안 그럴 줄 알았습니다. 그런데 한없이 무기력해지고 심하게 우울해지더군요. 웃긴 건 그때로부터 1년 전이 제 인생에서 가장 열정적인 시기였다는 사실입니다. 불과 1년 만에 최악으로 떨어진 것이죠. 목사도 예외는 아닙니다. 당연히 그리스도인도 심적 나락으로 떨어질 수 있습니다.

지금 제가 이렇게 말한다고 해서 부끄럽거나 수치스럽지는 않습니다.

○

여러분도 하나님 은혜에 대한 강렬한 기억과 경험이 있으실 겁니다. 그런데 아무리 가슴 벅찬 은혜를 경험해도 일상으로 돌아와 보면 나를 기다리는 것들이 결코 선하지 않습니다. 두 시간쯤 되는 영화는 기승전결이 있어서 결국 갈등을 이겨 내고 아름답게 마무리됩니다만 우리네 인생은 영화처럼 깔끔하게 진행되지도, 끝나지도 않는다는 게 문제지요.

이러한 간극 앞에 딜레마를 가장 심하게 느끼는 이들은 아마 저 같은 교회 사역자일 것입니다. 드러나는 부패의 양상을 보면 못 믿겠지만, 처음부터 금전적 보상과 명예를 추구하며 그 자리에 나아간 인생은 거의 없습니다. 다만, 부르심에 순종하기 위해, 그리고 하나님의 역사를 가장 전면에서 바라보기 위해 기대감을 가지고 그 자리에 나아가는 것이지요. 하지만 하나님을 믿고 따른다는 것이 꽃길을 걷는다는 말과 동의어가 아님을 발견하고 때로는 좌절하기도 합니다.

성경 속 극적인 사건 중 하나가 열왕기상 18장의 엘리야와 바알 선지자의 대결 장면입니다. 북이스라엘 역사상 가장 패악했던 아합과 이세벨의 치세기에 불현듯 등장한 여호와의 사자 엘리야는 하나님의 강권적인 역사하심 아래 혈혈단신으로 악과 맞섭니다. 갈등이 최고조에 이르러 마침내 호렙산에서 대결의 장이 펼쳐지지요. 아합의 명을 받은 450명의 바알 신관들이 발광적으로 기도하고 예식을 드리는 가운데 엘리야는 유유히 홀로 자리매김합니다. 그들의 모든 노력이 무위로 돌아가자 엘리야는 잔잔히 기도하기 시작합니다. 이 기도는 단번에 응답되어 하늘로부터 어마어마한 불이 떨어지지요. 이어지는 엘리야의 간절한 기도로 3년 동안 멈췄던 비가 내립니다.

그런데 엘리야는 이 승리에 대한 희열을 제대로 누리기도 전에 분노한 이스라엘 최고 권력자 이세벨로부터 공개적 사망 선고를 통보받고 좌절합니다. 그렇게 기개 높던 그가 단순히 죽음이 두려워서 실족한 것은 아닐 것입니다. 아마도 그 엄청난 사건 아래 모든 갈등이 사라지고 샬롬이 찾아올 줄 알았는데 오히려 이세벨로부터 사망 선고를 받는 이 모순된 상황을 이해할 수 없었던 건 아닐까요? 이 상황은 하나님이 지극히 무능력하거나 엘리야를 단지 도구로 쓰고 버리는 것처럼 보입니다.

인간적으로 생각하면 이제는 꽃길이 펼쳐져야 하는데 말입니다. 살아남아야 했기에 도망친 엘리야는 사자후를 날리던 패기가 다 사라진 채, 죽기만을 기다리는 패배자로 전락합니다. 이 얼마나 거지 같은 상황인지요.

○

우리 삶의 여정이 그러합니다. 결코 끝날 때까지 끝난 게 아닙니다. 아무리 큰 기적과 은혜를 경험해도 나를 좌절하게 하는 현실의 이세벨들이 늘 존재합니다. 이 세상을 살아간다는 것은 꽃길이 아닌 가시밭길을 걷는 것과 같습니다. 어쩌면 우리 모두 엘리야가 느낀 그 좌절감을 동일하게 느끼며 사는 게 지극히 정상인지도 모르겠습니다.

살다 보면 때로는 하나님이 우리를 이끌어 나가시는 것 같지 않을 때가 있습니다. 물론 하나님의 살아 계심을 부정하지는 않지만 그분은 매우 수동적이신 것 같습니다. 실제 나와 우리 삶에 그렇게 적극적이지도 않으신 것 같고 무엇보다 나한테 관심이 없으신 것 같습니다. 즉 이세벨은 지독하게 능동적이고 하나님은 지독히 수동적이신 것 같지요.

게다가 하나님은 참 무정하십니다. 이토록 비통한 엘리야에게 "내 계획은 이러한데 지금 잠깐 쉬는 타이밍이니 쪼매만 버티자. 조만간 이세벨을 손봐 줄 테니"라고 말씀하시거나 어떤 위로의 메시지도 전하지 않으십니다. 다만, 빈정대는 엘리야에게 말씀하시기보다는 그저 보여 주십니다.

"너는 나가서 여호와 앞에서 산에 서라 하시더니 여호와께서 지나가시는데 여호와 앞에 크고 강한 바람이 산을 가르고 바위를 부수나 바람 가운데에 여호와께서 계시지 아니하며 바람 후에 지진이 있으나 지진 가운데에도 여호와께서 계시지 아니하며 또 지진 후에 불이 있으나 불 가운데에도 여호와께서 계시지 아니하더니"(열왕기상 19장 11-12절).

설명을 구했는데 웬 비전입니까? 하나님이라면 이렇게 끝까지 설명하지 않으셔도 되나요? 예전에는 저도 하나님은 초월자시고 만물의 주인이므로 그분 맘대로 하는 것이 지당하고 우리는 불평 없이 그저 순종하면 된다고 생각했습니다. 이것은 지극히 신앙적으로 보이지만 큰 오해입니다. 이는 '당신이 뭘 해도 사실 난 관심 없다'는 에두른 표현이거나 성경 속 하나님이 아닌 그저 초월자에 대한 맹신 개념으로 해석될 여지가 농후합니다.

그런데 유심히 보십시오. 하나님은 그가 그 자리에 있는 이유 즉 '현상에 대한 설명'을 말로 하지 않으셨을 뿐입니다. 다만, 압도적인 기적의 광경을 통해 본인이 어떤 신인지를 다시 한 번 각인시키셨습니다. 즉 하나님은 눈을 시퍼렇게 뜨고 '살아 계심', 다시 말하자면 '존재' 그 자체로 이 난제에 대한 대답을 대신하셨습니다.

○

우리의 오해도 교정할 필요가 있습니다. 인간인지라 현상에 대한 구체적 설명을 요구하는 게 당연합니다. 하지만 현상에 대한 합당한 설명이 곧 자신의 행복도와 신앙을 보장하지는 못한다는 사실도 기억해야 합니다. 성경 지식이 신앙과 반드시 정비례하지 않는 것처럼 그 둘은 별개입니다. 그리고 현상에 대한 설명보다 때로는 그분에 대한 실존적 확신이 천만 마디의 설명을 압도하기도 합니다. 성경을 보아도 하나님은 그 자리로 부르신 '목적'에 대해서 말씀하신 적은 있지만, '이유'에 대해서는 거의 설명하시지 않습니다.

여기서 한 가지 꼭 짚고 넘어가야 할 사실이 있습니다. 우리는 인생이 잘 풀릴 때는 지극히 현실주의자처럼 살다가 인생의 실패를 맛볼 때면 갑자기 소크라테스로 돌변하여 설명을 요구한다는 점입니다. 그런데 이처럼 이중적인 우리와 달리 하나님은 일관성 있게 긍정적인 상황, 즉 구원과 승리의 자리로 부르실 때도 과연 네가 왜 이 복을 받아야 마땅한지에 대해 설명하지 않으십니다. 결국 우리는 지극히 이기적인 측면에서 납득할 만한 설명을 요구하지만 하나님은 늘 자신이 누구신지를 '존재'로 답하십니다. 결국 하나님의 존재에 대한 신뢰 문제로 귀결됩니다.

그렇다고 오해하지는 마십시오. 성경과 신앙이 비합리성으로 가득하다는 말은 아닙니다. 구도의 길을 절대 포기해서는 안 됩니다. 단지, 역설의 진리가 있다는 것을 기억해야 합니다. 우리는 단순 학문이 아닌 '하나님을 아는 지식'을 구하는 자들입니다. 마땅히 신비로움을 품고 신비적 일하심이 병행되는 자리이지요. 이러한 맥락에서 「고통과 씨름하다」(새물결플러스)라는 저서에 기록된 토마스 롱의 문장에 주목해 봅시다. "그리스도인에게 모든 신학적 질문은 일종의 기도이다." 즉 우리의 신학적 질문은 결국 '실존의', '실존에 대한' 질문입니다. 따라서 결코 '믿음'과 떨어지지 않습니다.

이처럼 신학적 질문을 통해 드리는 그리스도인들의 기도에 대답하시는 하나님의 숨결이 성경 곳곳에서 느껴지지 않나요? "너의 생명을 좌지우지할 수 있는 것은 이세벨이 아닌 바로 나, 여호와 하나님이라." 그리고 하나님은 그럴싸한 말보다 직접 몸으로 보여 주시는 것을 선호하십니다. 예수님께서 우리 곁으로 직접 오신 것만 봐도 그렇습니다. 그리고 무엇보다 우리는 성령 하나님의 열심 덕택에 오늘도 살아갑니다.

저도 상황마다 하나님이 구구절절 설명 좀 해주시면 좋겠습니다. 그러나 그리 아니하실지라도 믿으렵니다. 늘 이유에 대한 설명과 정답을 요구하는 인간의 본성과, 이를 조장하는 세상의 흐름 가운데 정답 그 자체이신 하나님께 의존하는 생각의 전환이 필요합니다.

하나님의 존재에 대한 신뢰를 회복하셔서
넘어진 그 자리에서 능히 일어서고
다시 질주하길 바랍니다.

3

'요즘 교회들, 대체 왜 이러지?'

사뭇 진지하게 신앙과 교회에 접근하다 보면
꼭 갖게 되는 의문이 있습니다. 별 건 아닙니다.
'어떻게 저런 쓰레기 같은 인간이 교회에 있지?'라는 의문입니다.
현재 몸담은 교회뿐 아니라
매체를 통해 교회에서 일어나는 문제들을 보면
어안이 벙벙합니다.

교회는 요지경

제 아버지는 개척교회 목사이십니다. 시장통 상가 3층에서 시작된 이 자그마한 교회에서는 그동안 참 많은 일이 일어났습니다. 교회는 코딱지만큼 작은 데다 저는 목사의 아들로서 거의 교회에서 살다시피 했기에, 모든 것을 여과 없이 보고 들을 수 있었습니다. 원치 않아도 기억할 수밖에 없었지요.

시장 상인들은 교회를 향해 이유 모를 적대감을 품기도 했습니다. 술만 먹으면 교회를 향해 삿대질하며 고래고래 욕하던 아저씨들이 있었고, 시끄럽다며 경찰에 신고하는 바람에 예배 중에 찾아와 아버지를 연행하려는 경찰들도 있었습니다. 심지어 잊을 만하면 교회 건물 계단에다 오줌을 지려 놓고 가는 인간들, 가끔은 심심찮게 똥을 한 바가지 싸 놓고 가는 인간도 있었습니다. '분명 멍멍이가 그랬을 거야!'라고 생각하지만, 멍멍이가 싼 것 치고는 모양과 크기가 사뭇 달랐기에 부정할 수 없었지요.

그런데 교회 밖 사람들만 문제가 아니었습니다. 교회에 오신 분들 가운데도 찐한 인상을 남긴 분이 많았습니다. 갑자기 열심을 내어 새벽 예배 나오던 어떤 부부가 어느 날 아버지에게 돈을 좀 융통해 달라고 부탁했습니다. 이번에 개인 사업을 하게 되었는데 차를 꼭 사야 한다고, 차가 없으면 자기 인생 망한다고요. 제 아버지가 돈이 어디 있겠습니까? 정말 겨우 입에 풀칠하던 시기였는데요. 그런데도 간곡하게 거듭 부탁하시니 하는 수 없이 최후의 순간에 쓰려고 숨겨둔 돈을 융통해 주었지요. 어머니도 모르던 비상금이었습니다. 정말 감사하다며 우리 가족에게 밥을 사주신 것도 또렷이 기억합니다. 이것이 제 인생 최초의 외식이었으니까요.

그런데 불과 한 달도 되지 않아 그 부부는 태세를 완전히 바꾸어 버렸습니다. 돈을 갚기는커녕, 아버지를 모함하여 성도들 사이에서 분란을 일으켰습니다. 진상이지요. 그 외에도 별별 일이 많았습니다. 어떤 성도가 제 아버지와 어떤 집사님이 내연 관계라고 헛소문을 퍼뜨려 우리 가정과 교회에 엄청난 분란을 일으킨 기억도 있습니다. 그런데도 지금 제가 목회자의 길을 걷고 있는 것을 보면 신기하기도 합니다. 심지어 개척을 한 것 보면, 참 이상한 일이지요.

○

제 성장 배경 때문인지 아니면 다른 것 때문인지 모르지만, 목회자의 길로 들어선 이래 마음 한쪽에는 늘 '이상적인 교회'에 대한 열망이 자리 잡고 있었습니다. 왜 그런 것 있지 않습니까? 모두가 일말의 가식 없는 사랑으로 나를 환대하며 무슨 말을 하더라도 다 수용하고 격려해 주는 사람들로 가득한 교회, 예수님 같은 사람이 설교하고 바울 같은 사람이 성경 공부 시켜주고 마더 테레사 같은 사람들이 안아 주는 그런 교회 말입니다.

초대교회와 같은 열정과 순수함을 가진 지극히 유기적이고 본질적인 교회의 모습을 원하지요. 이런 열망이 꼭 제 얘기만은 아닐 것입니다. 사뭇 진지하게 신앙과 교회에 접근하다 보면 꼭 갖게 되는 의문이 있습니다. 별 건 아닙니다. '어떻게 저런 쓰레기 같은 인간이 교회에 있지?'라는 의문입니다. 현재 몸담은 교회뿐 아니라 매체를 통해 교회에서 일어나는 문제들을 보면 어안이 벙벙합니다.

유명한 찬양 가사인 '주 안에 우린 하나 모습은 달라도'가 아니라, '죄 안에 우린 하나 직분은 달라도'가 교회 안에 만연합니다. 목사만 문제가 아니라, 직분과 관계없이 저마다 참 다양한 문제를 일으킵니다. 그래서 신앙이 무너지기도 하고, 하나님의 일하심에 대한 기대는 접고 인간적 수단을 찾게 되지요. 저도 그런 번민이 자주 찾아왔고 그럴수록 더 이상적인 교회를 꿈꾸게 되었습니다.

이것은 여전히 해결되지 않고 풀 수 없는 고차방정식 같은 문제입니다. 제 나름의 고민과 공부와 경험을 통해 확인된 결론은 이러합니다. '이상적인 교회란 결단코 과거에도 없었고 지금도 없고 앞으로도 없을 것이다!'

마태복음 13장에 기록된 일명 '가라지의 비유'에 주목하십시오. 예수님은 외형상 '밀'과 별 차이가 없는 '독보리'인 일명 '가라지'를 가지고 설명하십니다. 선과 악의 외형은 별 차이가 없고 심지어 서로 매우 밀접하게 섞여 있음을 분명히 하시지요. 본문은 '원수'라 불린 마귀의 열심으로 악이 이루어진다는 사실과 하나님은 결단코 절대 악을 의도하지 않으셨다는 사실을 알려 주십니다. '추수 때'가 분명 존재하고, 그때야 비로소 모든 혼란이 끝나고 모든 것이 선함으로 완성된다는 '종말론적 메시지'를 전달하십니다.

맞습니다. 이상적 교회를 지향하고 또 그렇게 불렸던 수많은 공동체가 파괴되고 넘어졌습니다. 또한 현재 칭송받는 교회들 역시 내부자 이야기를 들어 보면 갈등은 다 있더군요. 우리가 흔히 가장 이상적이라고 믿어 의심치 않는 '초대교회' 역시 우리의 상상만큼 그리 선하지만은 않았습니다. 고린도 교회만 보아도 알 수 있지요. 그렇기 때문에 그 어떤 유형의 교회든 공동체든 완전한 기대를 내려놓는 것이 지혜로운 접근일 것입니다.

역설적이지만 차라리 기대를 내려놓는 데서 희망을 엿볼 수 있습니다. 가슴에 손을 얹고 돌아보십시오. 그런 좋은 교회가 있는데 꼭 당신이 가서 물을 흐려야만 하는지도 말이죠. 그런 교회는 박제하여 관람해야 합니다. 박제되지 않은 상태라면 분명히, 그리고 반드시 문제가 생길 테니까요.

○

그러나 우리는 교회에서 간혹 아니, 종종 아니, 거의 대부분 스스로를 '밀'의 자리를 넘어 천사라고 해석하여 주신 '종', 심지어는 '주인' 행세를 하려 합니다. '선악을 알게 하는 과일'을 따 먹으려 덤벼든 인간의 교만은 여전합니다. 그런데 기억하십시오. 이어서 예수님께서 추수 때에 심판하시겠다고 한 목록에는 이것도 있습니다.

'모든 넘어지게 하는 것'(마태복음 13장 41절) 말입니다. 결국 선과 악을 가르는 기준과 때를 자신이 정하고 하나님의 권한을 빼앗아 잘못된 판단을 일삼으며 누군가를 넘어지게 하는 자를 일컫는 말 아닐까요? 그렇게 싫어하며 심판하기를 원하던 '가라지'가 바로 자신일 수도 있습니다. 얼마나 소름 돋는 일입니까?

우리는 가짜 뉴스조차 판독하지 못하고 우르르 몰려가기 일쑤입니다. 2017년 9월에 벌어졌던 '240번 버스 사건'이 기억납니다. 한 어린아이가 실수로 버스에서 혼자 내렸는데 버스가 바로 출발해 버렸고 버스에 남은 아이 엄마는 뒷문을 열어 달라고 울부짖었습니다. 그런데 버스 기사는 욕설을 하고 무시하다 결국 다음 정류장에서야 내려주었다는 사건입니다.

이 내용이 한 인터넷 커뮤니티 사이트에 올라왔는데, 이것이 기사화 되면서 국민의 공분을 샀습니다. 버스 회사뿐만 아니라 해당 버스 기사에게도 마녀사냥식 공격이 계속되었습니다. 그러나 며칠 뒤, 아이는 일곱 살이었고 본인 스스로 하차했으며 8차선 도로였기에 중간에 세울 수가 없어서 어쩔 수 없이 다음 정류장에 내려준 것이라는 사실이 밝혀졌습니다. 물론 욕설은 전혀 없었다고 합니다. 그러나 만시지탄이지요. 그 버스 기사분은 정신적 충격으로 결국 휴직하고 정신과에 입원하셨습니다. 그리고 아무도 그 사건에 대해 반성하거나 사과하지 않았습니다.

일례이지만, 이 사건만 봐도 인간에게는 함부로 누군가를 밀과 가라지로 가를 자격도, 능력도 없다는 것을 확인할 수 있습니다. 그러니 누군가의 구원에 대해, 선과 악에 대해 쉽게 왈가왈부하며 갈라 죽이지 마십시오. 내가 겁나게 나쁜 놈이라고 찍은 그 사람도 결국 어찌 될지는 아무도 모릅니다. 결코 사람이 사람을 그렇게 쉽게 판단할 수는 없습니다. 또한 사람이란 그렇게 쉽게 판단될 수 있는 존재도 아닙니다.

「자유, 사랑, 능력에 관하여」(비아토르)에서 자크 엘륄은 이렇게 말합니다. "우리는 자신에게 계시된 진리를 확신할수록 타인과의 관계에서 더 유연해질 수 있다. 이렇게 되면, 타인을 판단하지 않고 있는 그대로 받아들일 수 있다. 우리가 확신하지 못할수록 더 강팍해져 방패를 치는 경향이 있다." 결국 선과 악을 가르려는 욕망 자체가 나의 신앙 없음을 증명하는 지름길입니다.

○

마지막으로 반드시 짚고 넘어가야 할 것이 하나 있습니다. 사실은 이 비유 자체가 말이 안 됩니다. 추수 때까지 기다려 가라지를 솎아 내는 농부는 없습니다. 우리에게 이 비유가 잘 다가오지 않는 이유도 그 때문이지요. 처음부터 요딴 상황, 요지경까지 이르지 않도록 진작 솎아 내시거나 아예 뿌려지지 않게 막아 버리면 되지 않습니까? 그런데 주인은 의아한 선택을 하였고 그 이유를 이렇게 표현합니다. "가만 두라 가라지를 뽑다가 곡식까지 뽑을까 염려하노라"(마태복음 13장 29절).

그분은 악한 자들의 가라지 파티로 인해 수모를 당하실지라도, 심지어 밀들이 왜 재네 안 뽑아내냐고 시끄럽게 징징대며 불평할지라도, 자신의 절대적 능력마저 스스로 제한하셔서라도 어떻게든 한 알의 밀을 살리시는 데 목적을 두십니다. 즉 갈라치기를 못 하시는 게 아니라 안 하시는 것이지요. 그리고 이 '지연하심'의 가장 궁극적인 이유는 다름 아닌 바로 나 때문일 것입니다.

남 이야기가 아닙니다. 단지 내가 뽑혀 버려질까 봐 지연하시는 것입니다. 하나님이 지금 탈곡하시면 가장 먼저 옥수수 털릴 것이 바로 나이자 우리입니다. 선과 악을 갈라치는 데 집중하지 마십시오. 어떤 이상적인 장소와 모임에 들어가는 데 집중하기보다 현재 있는 그 위치를 다시 한 번 돌아보십시오.

무엇보다 하나님 아버지에 대한

무한한 신뢰와 의지.

그리고 그 추수 때에 대한 소망을 갖기 원합니다.

교회이니 이제 그만
가면은 벗으셔도 됩니다

성도들이 생각하는 '목사'의 전형적인 이미지는 이렇습니다. 따뜻한 미소와 부드러운 음성, 온화한 표정과 나긋나긋한 표현, 언제든 강아지 눈과 팔자 눈썹을 하며 경청하는 공감 능력, 무엇보다 그냥 딱 목사 같다는 느낌이 드는 선한 성품의 아우라! 이런 면에서 저는 '목사'라는 말을 듣기에 참 부족한 사람입니다만, 어쨌든 교회 밥을 10년 넘게 먹다 보니 훈련과 연습으로 변한 것도 있고 성령께서 조금씩 바꾸어 주신 부분도 있습니다. 하지만 제가 절 알지요. 사실 원판이 크게 바뀌지는 않은 듯합니다. 그래서 교회 사역한 지 10년이 넘어가는데도 여전히 제 마음 안에 이런 소원이 있습니다. '나도 더 착했으면…….' 이런 고민을 하는 그리스도인이 10톤 트럭으로 10만 대 정도는 있는 듯합니다.

우리가 많이 하는 말 중에 그런 말이 있습니다. 또 듣기도 많이 듣죠. "교회라서 내가 참는다", "교회니까 그냥 넘어가는 거지……." 그리스도인은 자체 검열이든 교회 분위기 때문이든 착한 성품을 지향합니다. 본래보다 더 착해 보이기 위해 노력하고 착한 성품과 신앙을 정비례 관계로 조망하기도 합니다. 꼭 외식 운운하지 않더라도 모든 종교는 윤리적 측면을 내포하고 있기에 어찌 보면 당연한 일일 수 있습니다만, 워낙 겉과 속이 다르게 보이려다 보니 이렇게 살기가 참 피곤합니다.

더욱이나 남들 일에 과도하게 신경 쓰는 오지랖 넓은 우리네 문화, 또 남의 말에 크게 영향받는 우리네 체면 문화가 콜라보레이션을 이루어 본래의 자기 성품을 감추고 더 착하게끔 보이기 위해 노력합니다. 그러나 일정 수준의 긴장을 넘어가면 몹시 피곤해집니다. 교회 갈 때마다 내 본래 모습을 감추고 좋은 모습만을 내보이기 위해 가면을 쓰는 거 자체가 자신을 지치게 하지요. 분명 우리의 성품과 조건에 근거해 부름 받은 것은 아닌데 말입니다.

○

'페르소나(persona)'란, '가면'이라는 의미로 한 인격이 어떤 역할을 감당하기 위해 쓰는 것, 혹은 다른 사람들이 원하는 모습을 위해 쓰는 내면의 가면을 지칭하는 심리학 용어입니다. 물론 아빠가 됐는데도 애하고 먹을 거 가지고 싸우면 안 되는 것처럼 각자 역할에 맞는 행동이 있기에 가면을 쓴다는 것이 꼭 나쁜 의미는 아닙니다. 때로는 이것이 어른이 되었다는 징표로 여겨지기도 하지요.

그러나 자신의 본래 인격과 착용한 가면의 모습이 몹시 이질적으로 여겨질 때 혹은 내 의지와 상관없이 남들이 원하는 모습으로 보이길 계속 강요당할 때는 심리적 어려움이 찾아옵니다. 그래서 이런 가면 놀이에 지친 현대인들은 마치 감기에 걸리듯 우울감에 빠지며 심해지면 우울증으로 이어집니다. 진짜 모습을 잃어버린 것만 같아 몹시 외로워집니다. 분명 이건 이상합니다. 그래서 저는 이 시대를 가리켜 '가면무도회'라고 부르고 싶습니다. 실제 자신의 희로애락은 가면 속으로 감추고 주어지는 음악에 맞추어 끝없이 춤을 출 수밖에 없는 세태를 풍자하는 표현입니다.

교회에서도 마찬가지입니다. '그리스도인'이라는 것 역시 일종의 가면으로 다가올 때가 있습니다. 때로는 요구받기도 합니다. 자신의 현재 신앙 상태나 성화된 정도와는 별개로 사람들이 기대하는 모습이 있습니다. 그러다 보면 원하든 원하지 않든 가면을 쓰게 되지요. 이것은 심각한 문제입니다. 그런데 솔직히 자신은 전도도 잘 못하면서 교회 문턱을 넘으려는 다른 분들에게 자꾸 가면 씌우지 맙시다. 모두가 인정하는 한국교회 문화도 아닌 개교회의 문화를 너무 들이대지 마십시오. 그리고 자유로운 영혼들에게 굳이 양복 입히려고 하지 마십시오. 누군가에게는 일상복이지만 누군가에게는 족쇄처럼 다가옵니다. 억하심정의 일탈이 아닌 한, 때가 되면 다 제자리를 찾기 마련입니다.

또한 신앙 생활을 오래 한 분과 이제 막 시작한 분의 사고 구조가 다르다는 걸 기억하십시오. 외국어 같은 교회 언어를 배우는 데도 힘든데 피부 색깔까지 바꾸라고 하는 것은 너무한 일 아닐까요? 그러다 보니 복음을 듣고 찾아왔다가 비복음적 요소에 넌더리를 내며 적응하지 못하고 결국 떠나는 사람이 생기는 것입니다. 다행히 믿음의 힘으로 적응하더라도 이내 재미가 없어지고요.

가면 쓰고 돌아다니는 것도 하루 이틀이지 자기의 진정성과 실체를 드러내지 못하는 것은 결국 부정적 감정으로 다가옵니다. 전통적 의미의 그리스도인상을 너무 강요하지 마십시오. 그것은 일종의 프레임이지 본질이 아닙니다. 아무리 신앙 안으로 진입했을지라도 본래 머물던 인격과 성품의 출발선은 모두 다르다는 사실을 잊지 말아야 합니다.

○

교회 내에서 가면 쓰기를 가장 강요당하는 사람들이 아마도 저 같은 교회 사역자일 것입니다. 하루는 멘탈이 많이 흔들리더군요. 그날 특별히 크게 맘 상한 일도 없는데 '왜 이럴까?' 하며 스스로 그날과 그 어간의 날들을 복기해 보니 알겠더군요. 억울한 것을 잘 못 참는 제 성향과는 반대로 잘못한 것도 없는데 "미안합니다. 제 불찰입니다!"라고 교회에서 사과만 하고 다녔던 제 행적이 기억났습니다.

제가 스티브 잡스인 줄 알았습니다. 사과나무도 아닌데 제 모든 영양분을 짜내 사과를 만들어서 나눠 주다 보니 심력이 소진된 것이지요. 주일 사역을 마치고 집에 돌아와 우는 사역자가 얼마나 많은지 모릅니다. 착한 인생들은 우울감에 괴로워하고 어떤 이들은 인격성 장애로 흘러갑니다. 그 마음이 화석처럼 얼마나 굳어지는지……. 대놓고 가면을 쓰고 응대하는 감정 노동자들은 오죽하겠습니까?

기억하십시오. 교회 공동체는 가면 쓰기를 요구하는 곳이 아닙니다. 그런데 어느새 고착화된 가면 놀이가 교회의 '공동체 됨'을 망치는 주범이 되기도 합니다. "이곳은 교회입니다"라는 말은 "교회이니 빨리 가면 쓰세요!"라는 말이 아닙니다. "교회이니 이제 그만 가면은 벗으셔도 됩니다!"라는 말이 되어야 합니다. 물론 제 바람일 뿐입니다. 벗으란다고 쉽게 벗겨질 가면들이 아닙니다. 어느 정도 사회화 과정을 거치다 보면, 어느새 가면이 내 얼굴인지 내 얼굴이 가면인지 분간하기 어려울 정도의 신공이 발휘되기 때문입니다.

어찌나 강력한 접착제로 붙어 있는지 타인의 강제력으로는 절대 떨어지지 않습니다. 오히려 그렇게 타인의 힘으로 강제로 벗겨 내려 하다간 피부까지 같이 떨어질지 모릅니다. 그러나 분명 벗겨져야 합니다. 가면 놀이가 지속될수록 더 외로워지기 때문입니다. 사람은 가면을 벗고 마주 대할 수 있는 사람, 잠시라도 참모습을 보여 주며 대할 수 있는 사람이 있을 때 사람답습니다.

○

그럼 가면을 어떻게 벗겨야 할까요? 이솝 우화 '해와 바람' 이야기가 떠오릅니다. 여러분도 알다시피 나그네의 외투를 벗긴 건 강한 바람이 아니라 따뜻한 해였습니다. 나그네의 외투가 우리네 가면과 비슷합니다. 강제로 벗겨 내려 한다면 살점도 같이 떨어지거나 더 두껍고 강력한 가면을 착용할 것입니다. 결국 따스한 온기를 느껴 스스로 벗게 하는 것이 가장 좋은 방법입니다.

그래서 사랑으로 넘쳐나는 공동체의 존재가 필요합니다. 가면을 벗어 던지고 마음을 터놓고 이야기하며 서로를 위해 진심으로 기도하고 하나 되어 영적인 교제를 하는 것은 진정한 기적입니다. 사랑만이 이와 같은 오묘한 기적을 일으킵니다. 나아가 한두 사람의 호의를 넘어 공동체 안에서 이루어지는 공동체적 사랑만이 강력한 가면을 쓰고 난감해 하는 현대인들에게 신비한 기적을 일으킵니다. 이들에게는 이 기적이 절실히 필요합니다. 존경하는 신학자 스탠리 하우어워스의 말로 마무리해 봅니다.

"하나님 나라의 특징은 사랑이다.
이 사랑은 용서를 경험한 사람들에게만 허용된다.
서로를 두려워하지 않는 법을 배운 사람들만이
사랑을 경험할 수 있는 것이다.

오직 나 자신과 성품이 하나님의 사랑으로 빚어졌을 때만
비로소 다른 사람들을 두려워할 필요가 없다는
사실을 확인하게 된다."

예배
공회국

'전지적 목사 시점'이라고 아시나요? 500석 이상의 예배당이 아닌 이상 강단에 서서 회중석을 바라보면 대부분 사람이 눈에 잘 들어옵니다. 사람들은 '설마 내가 보이겠어?'라고 생각하겠지만 이렇게 말해 주고 싶네요. "네! 그렇게 생각하는 바로 당신이 제일 잘 보입니다!" 그중에서도 조는 사람은 기막히게 눈에 잘 들어옵니다. 눈꺼풀을 열어 그 안에 갇힌 눈알 일병을 구해 주고 싶은 마음이 들 정도입니다. 그들의 헤드뱅잉을 보고 있노라면 좋은 정형외과를 미리 찾아 놓는 게 선한 목자의 덕목이겠다는 생각도 듭니다.

졸고 싶지 않은 성도님들, 제가 이 고민을 한 방에 해결해 드릴 수 있습니다. 직접 설교하시면 됩니다. 밤새고 올라가도 설교

자는 절대 졸지 않거든요. 그런데 목사들도 회중석에서 예배드리다 보면 가끔 졸 때가 있습니다. 아니, 오히려 더 잘 조는 것 같습니다. 이 말이 위로되지 않으십니까?

○

개인의 신앙 상태나 예배 환경, 그리고 설교자의 역량 등 복합적인 이유로 예배에 집중하지 못하거나 졸기도 합니다만, 저는 다른 이유를 들어 보고자 합니다. 다름 아니라 '예배'가 너무 많다는 것입니다. 일명 '예배 공화국'이랄까요? 대안적이거나 변형을 시도하는 예배가 속속 등장하지만, 한국교회는 여전히 신앙 훈련과 영적 활동 대부분을 '예배'에 집중하고 있습니다. 그러다 보니 본질에 집중하기에는 예배의 수가 지나치게 많다는 생각이 듭니다.

물론 지금도 변함없지만 '예배'는 한국 기독교 영성을 지탱하는 기둥이었습니다. 예배 참여가 곧 영성이자 신앙 성장의 토대였지요. 이런 이유로 많은 예배가 필요했습니다. 또한 우리네 민족 특유의 종교심과 기복적 보상 심리, 성속 이원론에 근거한 신앙심을 오롯이 만족시킬 자리도 오직 '예배'였습니다. 예배는 필요했고, 좋았고, 한국교회의 자양분이 되었습니다. 그러나 이런 예배들은 성숙기에 들어가야 할 한국교회의 신앙 주기를 외면했고, 바뀌어가는 사회 양상에 적절한 선제 대응을 하지 못했습니다. 오히려 정착된 신앙 모델을 일종의 계율로 받아들였지요.

참 재미있는 현상입니다. 그때의 열정과 투쟁, 헌신과 인내라는 정신은 다 사라진 것 같은데, 오직 100년 전 형식만 그대로 이어집니다. 최근 한국교회 쇠퇴의 주범을 '주일 저녁 예배'의 상실이라고 진단하는 담화에는 대꾸할 힘도 없더군요. 교회에서 드리는 정기 예배에 딴지 걸고 싶지는 않습니다. 예배드린다는 게 나쁜 것은 아니지 않습니까? 더 열심히 집중하면 되지요. 그러나 또 다른 의미에서 예배가 너무 많습니다. 수식어가 붙은 예배가 너무 많지요. 진심 어린 기도만으로도 충분한 자리에 꼭 예배 형식을 가져와야 하는지도 생각해 보아야 합니다.

이처럼 예배가 많은 탓에 도리어 '예배'의 본의를 상실할까 봐 우려됩니다. '예배'라는 말은 사전적 정의로도, 신학적 정의로도 그 대상이 하나님이기에 그 어떤 수식어가 붙을 수 없습니다. 뭔가 타이틀을 붙여 드리는 예배는 대부분 잘못된 상황화로 보입니다. 좀 세게 표현하면, 교회가 예배 서비스 회사는 아니지 않습니까? 예배로 모든 영성 기반을 감당하는 구조와 예배의 의미를 스스로 깎아내리는 자리로부터 탈피해야 하지 않을까 싶습니다.

○

군목으로 사역했을 당시, 생각의 전환을 가져다준 계기가 있었습니다. 연대 본부 안에 있는 교회에서 주일 예배를 드릴 때, 함께 예배할 수 없는 이들이 있었습니다. 밖으로 나올 수 없는 해안 10개 소초의 병사들이지요. 그럼 이 병사들은 어찌해야 하나요? 함께 예배하는 것은 물리적으로 불가능합니다. 제가 손오공도 아니고 분신술을 쓸 수도 없지요. 주일에도 경계 부대는 작전을 수행하기에 평일과 같은 일과가 진행됩니다. 그리고 주일이라 저뿐만 아니라 외부 민간 목사님들도 본인 교회 돌보시느라 도움을 받을 수도 없지요. 결국 해안 소초는 토요일에 예배를 드리기로 했습니다. 게다가 예배당이 어디 있겠습니까? 그래서 늘 밥 먹는 식당에서 예배를 드리게 되었습니다.

그렇다면 주일도 아닌 토요일에, 예배당이 아닌 식당에서 예배드리는 이 친구들은 은혜에서 소외되는 것인가요? 주일에 근무해야 하는 병사가 얼마나 많은지요. 왜 주일에 근무하는지 따져 물을 수 있는 상황이 아닙니다. 나라를 지키는 사람들인데 말이죠. 이런 특수한 상황에서의 적용들이 많은 물음과 고민, 그리고 생각의 전환을 가져다주었습니다.

과연 무엇이 예배일까요? 존 파이퍼는 「열방을 향해 가라」(좋은씨앗)에서 이렇게 말합니다. "예배의 본질은 하나님 안에서 누리는 깊고도 진심 어린 만족감이라는 믿음, 그리고 그러한 만족감을 표현하고 추구하기 위해서 우리가 모였다는 믿음이다."

오해는 하지 마십시오. 예배의 자리가 중요하지 않다는 말이 아닙니다. 제가 앞에서 한 이야기는 비본질적인 부분과 습관화되는 횟수에 대한 문제 제기일 뿐입니다. 부탁드립니다. 예배의 자리를 가벼이 여기지는 마십시오. '예배', 그 자체에 담긴 신학적 함의와 형식을 외면하면 결국 본질도 상실된다는 사실을 잊지 마십시오. 예배는 필요하고 반드시 시행되어야 합니다. 사람들은 묻습니다. "수련회 때는 그토록 큰 은혜가 있는데 주일 예배에는 왜 그와 같은 은혜가 없을까요?" 당연하지요. 수련회 때는 기도로 준비하고 그 과정에서 뭔지 모를 기대감이 생깁니다. 주님께서 우리를 간절히 찾으시듯 우리도 주님께 늘 간절해야 합니다.

○

가끔 인터넷이나 방송으로 드리는 예배의 허용여부에 관해서 묻는 분들이 계십니다. 시공간 개념의 해체와 재구성이 논의되고 있는 가운데 무조건 반대하는 것은 섣부른 판단이라고 생각합니다. 다

만, 하나만 떠올려 보십시오. 마음이 있는 곳에 몸이 있고, 몸이 있는 곳에 마음도 있습니다. 지금 있는 방 안에서 최고의 예배를 드릴 수 있다는 자기 의지가 그렇게 믿을 만한지 생각해 보십시오. 만약 그렇다면, 이미 하늘 문을 뚫고 올라갔겠지요.

움직이지 못할 만큼 몸이 불편한 경우 혹은 도저히 예배 자리를 찾을 수 없는 고립된 곳에 있는 경우가 아니라면, 예배 현장으로 나아가 신체의 모든 감각을 사용해 공동체 예배를 드리는 것이 맞습니다. '흩어지는 예배', 그리고 '삶의 예배'는 '모이는 예배'가 담보되지 않는 한 그 진심을 확인할 길이 없습니다. 그리고 돌아봅시다. 누가 보면 벌써 4차원 가상 현실이 일반화된 줄 알겠습니다. 현실은 누군가 VR 헤드셋을 끼고 바보스럽게 허우적대면 옆에서 낄낄대는 수준이지요. 아직 2199년의 '매트릭스' 세상은 오지 않았습니다. 우리 아직 그 정도는 아니잖아요?

예배에 대한 약속은 주기적으로 공동체 안에서 이루어져야 합니다. 그렇게 정해진 의미와 형식이라면, 언약 당사자의 마음으로 최선을 다해 준비하여 참여해야 합니다. 그리고 스스로 회피할 핑계를 만들어 내지 말아야 합니다. 잊지 마십시오. 우리 그리스도인의 정체성은 '예배자'입니다. 말씀대로 영과 진리로 나아갑시다

(요한복음 4장 24절). 마르바 던이 「고귀한 시간 낭비-예배」(도서출판 이레서원)라는 책에 남긴 구절로 마무리 지어 봅니다.

"예배는 시간 낭비다.
그러나 참으로 고귀한 시간 낭비다.
예배는 우리를 그 가운데 우주의 왕이신
하나님의 고귀한 광휘에 빠져들게 하기 때문이다.
예배는 하나님의 임재를 다른 사람과 함께 누릴 기회.
우리의 시간에서 벗어나 하나님 나라의
영원한 목적에 들어가게 하는 기회이다.

그 결과 우리는 변화된다.
그러나 우리의 변화는 우리가 하는 어떤 일 때문이 아니다.
우리가 집중하고 복종하는 대상인 하나님께서
자신을 계시하심으로써
우리를 변화시키는 것이다."

이상(理想)적인 예배,
이상(異常)한 예배!

예전에 여러 교회를 탐방한 적이 있었습니다. 직접 예배를 인도해야 하는 자리에 가려다 보니, 다양한 예배를 경험하고 더 이상적인 예배상을 구현하고 싶은 욕심에서 비롯된 일이었지요. 그런데 그만, 욕심 부리다 배탈이 났습니다. 이건 뭐 충격의 연속이었습니다. 처음부터 넘사벽이었지요. 개인적으로 흠모하던 목사님이 시무하시는 교회의 예배에 참석한 적이 있습니다. 그런데 그곳에서는 '사도신경'을 하지 않더군요. 이 정도면 이단각 아닌가요? 상종하지 말아야 할 괴수의 무리라는 생각이 들었습니다. 그러나 그것 빼고는 예배가 정말 좋았고, 그 교회는 모든 면에서 정도(正道)를 추구하였습니다.

○

이 혼란스러움을 해소하고자 찬찬히 살펴보았습니다. 그러면서 그동안 '이게 맞아!'라고 생각한 것들이 단순히 관습적이거나 지엽적이었다는 사실을 깨닫게 되었습니다. 사도신경 역시 가장 대표적인 모범적 신앙고백문일 뿐이지 꼭 그것을 고집할 필요가 없더군요. 니케아 신경으로 고백할 수도 있고 심지어 모범을 따라 교단이나 교회만의 신앙고백을 제작할 수도 있습니다. 다만, 핵심이 잘 요약되어 있고 단순하며 전통성이 있는 사도신경이 대중화된 것뿐이지요. 여전히 좀 이질적일 수 있지만, 제 생각에는 그저 매주 주문 외우듯 의미 없이 따라 하는 것보다는 차라리 다른 방편으로 확실히 신앙고백을 확인하는 것이 더 나아 보입니다.

이것 말고 또 다른 충격도 있었습니다. 강대상을 양옆으로 두 개를 놓는 경우와 뒤에 전례대 같은 것을 배치한 모습이 저에게는 무척 이상했습니다. 솔직히 말해서 공신력 있는 교단이 아니었다면 이런 것도 이상하게 느꼈을 것입니다.

그 외에도 매주 충격의 연속이었습니다. 어떤 교회는 성가대가 따로 없기도 했고, 또 어떤 교회는 예배 시작 후에 목사님과 성가대가 가운을 입은 채로 뒤에서 들어오기도 했습니다. 저 역시 그러했으니, 한 교회만 다니다가 교단이 다른 교회라도 가게 된 사람은 당연히 충격받고 의심이 생길 수 있습니다. 무엇보다 정체를 알 수 없는 이단도 많으니까요.

세상에는, 그리고 기독교 역사 속에는 우리가 생각하는 것보다 훨씬 많은 예배 방식이 존재한다는 사실을 알아야 합니다. 성령은 결코 11시에, 그리고 '대예배'라 불리는 '본당'에만 임하시는 것이 아니듯 특정 '예배 모범'을 따라야만 임하시는 것도 아닙니다. 또한 교회가 달라져서 느끼는 위화감은 지극히 당연할 수 있으나 계속 출석하는 교회에서 예배 방식이 조금 달라져서 불편하다면, 이미 습관화된 자신의 형식 의존 신앙에 의문을 가져 보아야 합니다. 이렇게 하지 않는다면, 초대교회 성도들은 이단이고 아프리카 저 먼 땅의 교회 역시 이단이라고 쉽게 이야기할 것입니다.

반대로 어떤 분들은 초대교회의 본질적이고 원형적인 예배만이 본질이고 그 예배로 돌아가자고 합니다. 그러나 그건 그때의 빈약한 자원과 환경 안에서 불가피하게 이루어진 예배 형태였습니다. 그러니 그때의 그 방식을 절대화할 이유는 없습니다. 다만, 진실한 공동체성과 고백 같은 것들은 배워야겠지요.

비슷한 이유에서 초대 · 중세 교회로 이어지는 직제적 전통성을 강조하는 고교회 모델 역시 굳이 따라 할 필요는 없습니다. 특정 시대에 자연스럽게 그 자리에 맞게 생성된 전통일 뿐인데 시간이 흘러 성경적이라고 믿게 된 것도 많으니까요. 제각기 자기에게 맞는 모델이 성경적이라고들 합니다. 그러나 시대마다, 지역마다 예배 모습은 매우 다양합니다. 다 한계가 있는 모범일 뿐입니다. 중요한 것은 형식 그 자체가 아니라 그 형식이 반영하려 한 '예배의 의미'입니다. 따라서 우리는 시대와 지역에 맞게 예배 순서와 형식을 함께 만들어 가야 합니다.

○

예배의 각 순서에 대한 의미와 형성사에 대해 알아가고 고민하다 보니 더 많은 은혜와 자유함이 주어졌습니다. 물론 우리의 인간적인 부분을 무시할 수는 없습니다. 그래서 자신과 잘 맞는 듯한 예배 모델을 찾아가는 것은 나쁘지 않다고 생각합니다. 어쩔 수 없지요. 나이에 따라 향유하는 문화가 다르고 개인적 성향도 다르니까요.

우리는 사람입니다. 사람이 외모를 보지 뭘 그렇게 중심을 보겠습니까? 우리가 관심법을 쓰는 궁예도 아니고요. 우리가 대선지자 사무엘보다 더 나은 사람이라고 말할 수 있는 용자가 어디 있겠습니까? 노골적으로 이야기하면, 지금 우리가 맞닥뜨리는 예배 모범이나 모델들은 신학적 결과물로 나타난 것도 있지만 대부분 지역과 시대상에 따라 많이 변화되고 예배를 인도하는 목사의 개인 취향이 물씬 반영된 경우가 많습니다. 그리고 슬프게도 부흥하는 교회의 예배 모델을 비판 없이 그대로 수용하는 경우도 많습니다.

이상적인 교회가 없듯, 이상적인 예배의 모습 또한 없습니다. 단지 예배 '모범'만이 있을 뿐입니다. 모범은 모범일 뿐 진리와 본질은 아닙니다. 어떤 목사님의 고백이 제 마음에 크게 와 닿습니다. "난 내가 이상적이라고 생각한 교회상과 예배 모습이 있었어. 그런데 그걸 실제로 구현해 봤더니 막상 내가 가장 불편하더라!"

예배의 본질과 그 순서의 의미에 대한 이해를 바탕으로
예배 형식에 자유함을 누리십시오.
그리고 과거의 전통과 다른 예배 형식도
존중하기를 바랍니다.

가나안 성도들이여,
포기하지 마십시오

제 인생에서 최악의 식사 자리는 '상견례' 자리였습니다. 자리가 자리이니만큼 비싼 코스 요리를 먹었지만, 미각 불구가 된 줄 알았습니다. 음식이 목구멍으로 들어가는지 콧구멍으로 들어가는지 모를 지경이었죠. 또한, 음식이 나오는 간격이 얼마나 길게 느껴지던지……, 대화가 잠시라도 중단되었을 때의 그 적막감은 정말이지 사람을 미치게 만들더군요. 멋쩍어서 서로 다른 곳을 바라보며 "허허"거리는데 음식이 다시 입 밖으로 튀어나올 듯했습니다. 결심했습니다. "상견례 때문이라도 결혼 절대 두 번은 못하겠다!"

맞습니다. 밥만큼은 정말 편한 사람과 먹고 싶습니다. 맛과 가격이 중요한 게 아니라 누구랑 먹느냐가 중요하지요. 그래서인지 '혼밥'하는 사람이 참으로 많아졌습니다. 때로는 가족마저도 불편한 경우가 있으니까요. 이처럼 관계 단절과 개인적 시공간에 대한 열망이 혼밥이라는 문화적 현상으로 표현된 듯합니다. 하지만 가끔 식구(食口)는 사라지고 밥 먹는 행위, 즉 식사(食事)만 남은 것 같아 안타깝기도 합니다.

○

혼밥하는 그리스도인, 즉 '가나안 성도' 이야기를 하고자 합니다. 목회자의 지나친 권위 의식이나 탈선에 상처 받아 교회를 떠난 이들, 혹은 교회의 부패에 저항하다 쫓겨나거나 교회 내 다툼에 휩쓸려 상처 받아 쓸려 나온 분들이 생각보다 꽤 많습니다. 그렇기 때문에 현재 교회에 머물지 않는다는 현상만 보고 너무 쉬이 그들에게 돌을 던져서는 안 됩니다. 떠난 게 아니라 밀려난 경우가 허다하니까요.

실제 수치상으로도 가나안 성도라 불리는 많은 이가 대부분 교회를 열심히 섬겼던 분들이라는 사실은 시사하는 바가 큽니다. 이 현상이 단지 신앙 깊이의 문제만은 아님을 알 수 있습니다. 믿음 이전에 상식의 문제가 큽니다.

혹여나 그들에게 돌을 던지고 싶다면, 한 번쯤은 돌아볼 필요가 있습니다. 그들이 겪은 그 현장에 나도 있었더라면, 과연 제정신으로 교회를 다닐 수 있었을까요? 혹자는 '그럼에도' 남아 있는 사람은 뭐냐며 반문하기도 하지만 반대로 '그런데도' 남아 있는 사람들은 뭐냐고 물을 줄 아는 역지사지의 자세가 필요합니다.

신앙에 기반한 인내로 그 자리를 지키시는 분들도 있지만 입버릇처럼 '떠나야지' 하면서도 징벌에 대한 두려움, 즉 기복신앙 때문에 혹은 그동안 드린 각종 헌금 때문에 혹은 새로운 관계에 대한 두려움 때문에 떠나지 못하는 경우도 많습니다. 그 자체도 은혜일 수 있지만, 결국 '쫄보 신앙'이지요. 어떠한 이유에서든 교회에서 '밀려나게 된' 가나안 성도가 있다면 이 자리를 빌려 심심한 위로의 말씀을 전합니다.

그러나 함께 고민해 보고 싶은 것이 있습니다. 미로슬라브 볼프는 「광장에 선 기독교」(IVP)에서 이렇게 말합니다. "신앙이 만족의 경험의 틀과 내용을 규정하는 것이 아니라 반대로 만족의 경험이 신앙을 규정한다." 결은 다르나 비슷한 의미에서 개인적 신앙 경험 때문에 공동체적 신앙을 애써 지우려고 하는 분들께 조심스럽게 전해 봅니다. 분명한 사실은 경험이 우리의 신앙의 틀과 내용을 규정해서는 안 된다는 것입니다. 혼밥이 심리적 안정감과 편안함을 선사할지라도 언젠가는 누군가와 함께 먹는 기회가 박탈된 혼밥을 맞이할 수도 있습니다. 결국 눈물의 밥이 되겠지요. 인간은 함께하는 존재니까요.

'히키코모리'라 불리는 이들마저 웹상에서 끊임없이 타인과 접촉하고 관계를 맺습니다. 이 사실은 인간의 관계적 본성, 나아가 '하나님의 형상'이라는 말이 지닌 관계적 의미를 여실히 증명합니다. 아무리 어떤 사건들로 인해 홀로됨의 욕구가 넘치게 되었더라도 영혼을 지닌 존재라면, 언젠가는 그토록 원했던 홀로됨에 의해 고독형(孤獨刑)을 당할 위험이 농후하다는 사실을 말하고 싶습니다.

○

군목 시절, 나름의 고민이 있었습니다. '목사'로서의 출발이 워낙 빠르다 보니 분명 또래 사역자들보다 앞서가는 듯했지만, 언젠가부터 사역자로서 뒤처진다는 느낌을 받았습니다. 군목이라면 어느 정도 공감하는 바입니다. 나중에 전역한 후, 그 시절을 반추하다가 그 이유를 불현듯 깨달았습니다. '구속력' 때문이었습니다. 다른 말로 '서로를 향한 책임'이랄까요?

군목도 2년에 한 번씩 임지를 옮기고 성도들도 1-2년에 한 번씩 자리를 옮기는 군교회 구조는 생각보다 훨씬 큰 영향을 끼칩니다. 어차피 나든 당신이든 떠날 인생들이기에 암묵적으로 목사와 성도의 관계 형성에 애쓰지 않게 됩니다. 굉장히 매너 있어 보이지만 실상은 무섭습니다. 무플보다 악플이 낫다는 이야기가 괜히 나온 게 아니지요.

일명 '선교'라는 타이틀을 달고 진행되는 수많은 사역 현장에 있는 사역자들도 마찬가지입니다. 어느 정도 관계가 생길 만하면 떠나 버리고, 어느 정도 양육시켜 놓으면 정작 다른 곳에 가서 정착하게 되니 헛헛함에 잠 못 이룰 때가 많습니다. 이 헛헛함을 덜 느끼고자 애써 깊은 정을 주지 않으려 하지요. 안 그러면 자신이 더 상처를 받을지도 모르니까요.

주어진 관계 안에서 내가 할 수 있는 한 최선을 다해 그저 대가를 바라지 않고 베푸는 게 상책인데, 목사도 선교사도 사람인지라 그렇게 잘 안 되나 봅니다. '어차피 떠날 사람인데……'라는 생각으로 깊은 정도 안 주고 서로에게 별 관심을 두지 않다 보니 자연스럽게 큰 갈등도 겪지 않게 됩니다.

'사람이 함께하는데 갈등이 없다?' 이 말은 결국 '서로 아무 사이도 아니다', 혹은 '아무것도 하지 않고 있다'라는 의미일 뿐입니다. 가나안 신앙의 가장 큰 실존적 어려움은 바로 이러한 '구속력'의 부재라고 생각합니다. 어쭙잖게 '교회론' 이야기는 하지 않겠습니다. 다만, 구속력의 부재는 신앙적 교만, 혹은 자기 합리화와 나태로 이어질 가능성이 크다는 사실을 기억하십시오.

물론 그렇지 않은 분들도 있습니다. 오히려 교회는 떠났으나 여전히 신학과 성경 공부에 집중하여 엄청난 지적 성취도를 이루신 분들도 보았습니다. 좋은 것입니다. 그러나 이러한 홀로됨은 때로 자신의 현 상황을 성경적이라고 스스로 합리화하며 '상호 책임'의 자리를 회피하게 하는 주범이 되기도 합니다. 그렇습니다. 가장 무서운 사람은 성경을 한 번도 안 읽은 사람이 아니라 지리산에서 홀로 성경을 100독 하고 내려와 하늘의 도를 설파하는 사람입니다.

C.S. 루이스는 자신의 신앙 여정을 반추하며 이렇게 고백합니다. "14년 전 처음 기독교를 받아들였을 때, 나는 혼자서도 신앙 생활을 할 수 있다고 생각했어. 내 방에서 혼자 조용히 신앙 서적을 읽고 교회나 다른 모임에는 갈 생각이 없었지. 사실 그 사람들이 부르는 찬송가가 싫었어. 5등급 시를 6등급 음악에 얹은 형편없는 노

래 같더군. 그런데 시간이 지날수록 난 그들에게 놀라운 장점을 발견하게 되었어. 나와는 겉모습도 아주 다르고 교육 수준도 크게 차이 나서 거부감을 가졌었는데, 내 교만이 점차 무너지기 시작했어. 비록 6등급 같은 음악이어도 그 안에는 기도하는 마음이 담겨 있더군. 고무장화를 신고 교회 구석에 앉아 있는 늙은이에게나 도움이 되는 게 아니었어. 오히려 내가 그 사람의 신을 닦을 자격도 없는 사람인 걸 깨달았지. 결국 혼자 신앙 생활을 할 수 있다는 교만에서 빠져나오게 되었다네."

○

우리에게 친숙한 '구속력'의 또 다른 표현은 다름 아닌 '사랑'이라고 생각합니다. 그런 면에서 사랑을 실천하고 사랑이 검증될 장이 사라진다면 공허한 사랑이고 공허한 신앙이 아닐까요? 그 때문에 저는 감히 실존적 의미에서 '개인 신앙'이라는 것은 없다는 메시지를 남기고 싶습니다.

신앙은 늘 '공동체적'으로 존재합니다. 만약 누군가가 실족한다면, 하나님은 당사자에게 책임을 묻기보다 그 옆에 패키지로 묶어 주신 인생들에게 책임을 물으실 것입니다. 신앙이 성숙하다면 내 짐만 무겁게 느끼는 게 아니라, 남의 짐도 무겁게 느끼는 게 당연지사지요. 우리는 모두 위로와 회복이 필요합니다. 다만 아기를 목욕시킨 물을 버린다고 아기까지 버리는 우를 범하지 않길 바랄 뿐입니다.

개인의 결단은 마치 두부처럼 쉽게 으깨진다는 것을 부정할 수 없습니다. 다짐한 대로만 살면 우리 모두 테레사 수녀의 인품을 가졌고 아이비리그는 껌 씹듯 정복했으며 다이어트는 이미 모두 성공해서 연예인 뺨칠 정도의 몸매가 되었겠지요. 결국 서로에 대한 의지와 격려가 있을 때 약속을 이행할 수 있습니다. 그만큼 '우리'는 중요합니다.

물론 공동체적 신앙이 우리를 '파라다이스'로 데려다주지 않습니다. 오히려 '피라냐다이스'로 데려다줄 가능성이 더 농후하지요. 하지만 교회의 또 다른 이름이 '종합병동'임을 기억하십시오. 포기하지 마십시오. 세상에 그런 구린 교회, 구린 목사가 있나 싶지만, 그와 비슷한 확률은 아닐지라도 세상에 이런 좋은 교회, 좋은 목사가 있나 싶은 경우도 있습니다. 하나님의 일하심을 더 경험할 수 있는 교회들이 분명히 있습니다. 그리고 같은 고민과 같은 꿈을 꾸는 사람들이 분명히 있습니다.

좋은 교회를 찾는 수고를 멈추지 마십시오.
그리고 당장은 아닐지라도 교회로 돌아가는 것을
제발 포기하지 않기를 간곡히 부탁드립니다.

4

'솔직히 나도 복 받고 싶다고!'

분명 하나님 뜻대로 살았음에도
세상 기준으로 성공하지 못한 분들,
심지어 실패한 분들을 볼 때면 괴롭습니다.
이게 뭐냐고 하나님께 따지고 싶을 지경이지요.
반면 부모 잘 만나서 혹은 정말 운이 좋아서 성공 가도를 달리며
거기에 하나님 꽃 하나 꽂아 놓는 행태에는
고개가 절레절레 흔들어집니다.

목사가 에쿠스를 타도 될까?

예전에 들었던 어떤 목사님의 강의가 생각납니다. 주제는 '설교'였습니다. 한국에서 손꼽을 정도로 유명하신 분이라 실물로 보며 강의를 듣는다는 것 자체만으로도 기대하고 있었습니다. 아무리 뻔한 이야기라도 연륜의 지혜에서 나온 것일 테니 스치듯 나온 단 한 문장이라도 얻어 가길 원했습니다. 그런데 뜬금없이 '부가티 베이런'이라는 값비싼 외제 차를 타고 다니시는 이야기를 하는 게 아닙니까? 심지어 설교 잘하면 누가 이런 차도 사 준다는 동기 부여를 하시는 통에 그 자리가 많이 불편했습니다. 매우 세속적으로 들려서도 그랬지만, 근 30년 목회하시고도 교회 봉고나 끌고 다니시는 제 아버지가 떠올랐기 때문입니다.

○

'목사가 에쿠스를 타도 되는가?' 소그룹 모임을 할 때, '소유'라는 주제가 나오면 일부러 이 질문을 던져 봅니다. 에쿠스가 가진 함의가 있지 않습니까? 부유함의 상징이랄까요. 게다가 '목사'라는 직분에도 함의가 있습니다. 목회자의 윤리, 소유에 대한 신앙적 답변과 철학에 대한 문제가 뒤섞여 있지요. 결국 '목사가 과연 그런 부유함을 누려도 되는가?'라는 질문과도 같습니다.

젊을수록 이 질문에 부정적으로 답하더군요. 부유함을 추구하는 일부 목사들의 일탈로 인해 이런 부정적 뉘앙스는 더욱 강해진 것 같습니다. 그런데 재밌는 건, 제가 다닌 신학교에서는 "괜찮다"라고 답하는 경우가 꽤 있다는 사실입니다. 학교에서 이사회나 주요 행사를 하는 날이면 검은색 에쿠스가 학교 주차장에 쫙 깔립니다. 뭘 피곤하게 기독교 윤리를 따집니까? 그냥 그 모습이 답입니다.

차에 관한 또 하나의 기억이 있었습니다. 신학교 다닐 때 한 교수님이 구형 '링컨 컨티넨탈'을 타고 다니셨습니다. 부가티 베이런에는 쨉도 안 되지만, 당시 학교에서 볼 수 있는 유일한 외제차였습니다. 그거 때문에 학생들 사이에서 '과연 신학교 교수가 저런 차를 타도 되는 것인가?'라는 주제가 화두에 오르기도 했지요. 물론 그 교수님은 미국에서 오래 머물다 오셨고 가족들은 여전히 미국에 계시며 돈을 꽤 잘 벌고 계셨습니다. 미국에서 타시던 차를 그대로 가지고 온 것이라는 사실이 밝혀졌지만, 그래도 대부분 학생들은 부정적으로 바라보았습니다. 아마도 그분이 교수 이전에 목사라는 이유가 컸을 것입니다. 재밌는 건, 정작 그 교수님 본인은 우리가 이런 논쟁을 했다는 사실을 모르신다는 거죠.

참 거시기 하지만 저도 그 뒷담화 현장에 있었습니다. 배부름은 배때기에 기름 낀 신앙 없는 부르주아의 모습처럼 보였기에 저 역시 그 교수님을 마음속으로 신랄하게 비판했습니다. 지금 생각해 보면, 링컨 논쟁은 지나치게 잔인하고 할 일 없는 대화였던 것 같습니다. '그것이 과연 비판의 자리까지 나아갈 일인가'라는 생각이 듭니다. 살아온 맥락과 환경 등에 대한 이해가 누락된 채, 내 기준을 일방적으로 대입하는 것은 좋지 않습니다. 이때 진지한 의미로 목회 철학을 고민한 이들도 있었겠지만, 사실 부러워서 그랬던 사람이 더 많아 보이는 것은 지나친 추측일까요?

물욕이 없는 사람이라면, 사실 누군가의 에쿠스가 그리 불편하지는 않을 것입니다. 뭘 타고 다니건 관심이 없으니까요. 애견가

나 반려견을 키우는 사람이 아니라면, 지나가던 개가 세인트버나드건 치와와건 관심이 없는 것과 마찬가지입니다.

○

청빈하셨던 예수님의 행적과, 빈부 격차로 발생되는 혼란스러운 사회 모습을 깊이 생각한 적이 있습니다. 그리고 목회자로서의 소명을 다시 생각하며 돈과 소유에 얽매이지 말고 자유하자고 확고한 결단과 고백을 했었지요. 그리고 그렇게 살려고 노력했습니다. 그러나 돌아보면, 제가 청빈했던 것이 아니라 제가 강렬하게 원하던 것이 눈앞에 주어진 적이 없었을 뿐이었습니다.

소유를 부정적으로 보며 천착하지 않기 위해 미니멀 라이프를 추구하며 나름 만족할 정도로 물욕 없이 살았다고 여겼는데, 어느 날 확인하고야 말았습니다. 다른 것은 다 줄였는데 책은 늘어가고 있더군요. 책은 좋은 것이지만, 그 안에 지적 과시욕이 있었음을 깨달았습니다. 그놈의 성도 제압용 책들을 이사하며 700여 권 정도 정리했지만, 3년 사이에 다시 그만큼 채워졌습니다. 그리고 아이를 낳고 나니 그동안 전혀 관심을 두지 않았던 주거 공간에 대한 욕심도 생겼습니다. 좀 더 넓고 마당 있는 집에서 아이를 키우고 싶은 게 솔직한 심정입니다.

깨끗한 부자를 제창하는 '청부론'은 뭔가 있어 보이는 말 같으나 그리 성경적이지는 않습니다. 그보다는 더 성경적으로 보이는 정반대의 '청빈론' 역시, 그 자체가 목적이 되는 순간 결국 예수 코스프레가 될 뿐입니다. 소유욕은 일부 초인 같은 이들을 제외하고는 제힘으로 쉬이 제어할 수 있는 것이 아닙니다. 오히려 스스로 속이고 있거나 아직 강렬히 원하는 것을 만나 보지 못한 것일 가능성이 농후하지요. 불의하게 모은 것이 아님에도 타인의 소유를 가지고 왈가왈부하는 것도 이미 자신의 욕구가 투영된 것입니다.

욕구와 욕망은 구분해야 합니다. 욕구는 '절제와 교정'이 필요한 것이지 '압제와 부정'이 필요한 것은 아닙니다. 다만, 스스로 느끼는 결핍 때문에 더 많은 것을 추구하는 욕망은 다릅니다. 욕망은 궁극적으로 자신을 피폐하게 만들고 나아가 타인의 것을 빼앗는 방법으로 변질됩니다. 혹은 그 정도의 배알도 없다면, 타인을 정죄함으로 대리 만족을 느끼지요.

○

어느 날 다른 사람이 주는 선물 하나에도 기뻐하지 못하고 제 기준을 넘어선다는 이유로 불편해하는 제 모습을 발견했습니다. 참 가엽더군요. 어떤 분은 자신에게 주어진 비싼 선물을 거절했다며 자랑스레 이야기하지만, 또 어떤 분은 그런 제안조차 받을 수 없는 자리에서 묵묵히 지내십니다. 결국 소유에 대한 부정도 자기 의가 될 수 있습니다. 차라리 자신의 이런 욕구를 인정하되, 성령의 인도하심에 따라 소유욕보다 타인에 대한 사랑이 더 강렬해지기를 기도하십시오. 그럴 때 자연스레 소유를 포기하고 희생하게 되는 것이 아닐까 생각해 봅니다.

구조적 악이나 기득권이 내뿜는 악에 대해 우리는 생각보다 더 크게 보고 더 강력하게 외쳐야 합니다. 다만, 주변에 있는 평범한 사람들에 대해서는 제발 좀 너그럽게 접근합시다. '에쿠스'라는 특정 물화 소유와 사용에 대한 상황 윤리를 절대적으로 해석한다면 자신의 머리통과 기분만 피곤해질 뿐입니다. 나중엔 주변 사람들마저 피곤하게 하지요. 평범한 우리 주변에 뭐 그리 잘나고 특별한 인생들이 있다고 그리 쥐 잡듯이 잡아 댑니까? 사치 비용의 기준은 사람마다 다릅니다. 내가 마시는 스타벅스도 누군가에겐 사치니까요.

○

자, '목사가 에쿠스를 타도 됩니까?' 제 생각을 말씀드리겠습니다. 원론적으로는 타는 것도, 안 타는 것도 가하지만 개인적으로 안 타

는 게 지혜롭다고 생각합니다. 하워드 스나이더는 「새 포도주는 새 부대에」(생명의말씀사)에서 이렇게 말합니다. "문제는 그리스도인이 부자가 된다는 데 있는 것이 아니다. 부자가 되는 동시에 가난한 자에게 등을 돌린다는 사실과 새로 확보한 사회적 지위로 인해 태도가 변한다는 사실이 문제다." 사회 통념을 기준으로 가급적 검소한 차, 혹시 가능하다면 친환경적인 차를 이용하는 게 지혜로워 보입니다.

다만, 당부하고 싶은 것은 덕 차원의 권고인 상황 윤리를 절대 윤리로 환원시킨 시점부터 우리는 신(新)바리새인이 된다는 것을 기억하십시오. 많은 목사님이 봉고도 겨우 타고 다닌다는 사실을 살필 줄 알아야 합니다. 또한, 만인제사장론을 강력하게 설파하면서 목사에게만 다른 강력한 잣대를 갖다 대지 마십시오. 결국 이 모든 논의는 목사만이 아닌 그리스도인 모두의 이야기입니다.

묘수가 있습니다. 제게 에쿠스 EQ900리무진 한 대 주시고 시험해 보시기 바랍니다. 물론 절대 안 탑니다. 소유에 자유해서가 아니라 소유에 천착하는 제 모습을 알기에 피할 것입니다. 성도 중에 어려운 인생들이 있기에, 혹은 그것을 절대 윤리로 보는 사람들이 있기에 그들이 실족할까 봐 안 탑니다. 실족은 너무 고상한 표현이네요. 그냥 성도들 '눈치' 봐서 안 탑니다. 예전에는 청교도적 고결함 때문에, 시간이 조금 더 흘러서는 예수 코스프레 때문에 안 탔겠지만 이제는 유지비 많이 나온다는 사실을 알기에 못 탑니다. 차라리 팔아서 현금으로 쓰렵니다. 고결한 의미 부여하며 더는 구라 못 치겠습니다.

결론은 그저 복음에 빚진 자이기에,
누군가가 그 복음을 오해하는 게 싫어서
지혜롭게 행동하렵니다.
우리 함께 합시다.

십일조 띵까면
암 걸릴까?

한 가정의 아내이자 엄마로서 잘 살아가고 있는 대학 동기를 오랜만에 만났습니다. 그 대학 동기는 저에게 믿지 않는 남자와 결혼한 자기 친구 이야기를 해주었습니다. 감사하게도 그 남편은 아내를 따라 교회에 나가게 되었고 신앙이 깊지 않았지만 다행히 아내 교회에 잘 적응했다고 합니다. 심지어 다들 어려워하는 헌금 생활, 특히 십일조 생활에 대해서도 이해해 주었다고 합니다.

그런데 어느 날 모태 신앙으로 자라온 아내가 굉장히 부담스러워하며 십일조 챙기는 모습을 보게 된 남편이 한마디 했다고 합니다. "그렇게 아까워하면서 뭐 하러 해? 그럴 거면 하지 마!" 초신자인 남편의 눈이 본질을 더 확실히 꿰뚫고 있었습니다. 때로는 습관적이고 고착화된 경건의 모양에 젖어 있는 오래된 신앙인보다 고정관념 없는 풋풋한 이들의 관점이 더 정확할 때가 있습니다. 맞습니다. 그럴 거면 십일조 하지 않아도 됩니다.

○

아무리 좋은 의미로 만든 '형식'이라도 그 발생 이유를 잊게 되면 오히려 본질을 얽매는 도구가 될 수 있습니다. 어디에나 누구에게나 문제가 있다고 생각하지만 아무도 말하지 못하는 그런 것들이 꼭 있지요. 처음에는 그 당시 상황과 환경에 적합하다는 이유에서 창안되었을 것입니다. 그러나 지속적인 성찰이 망각된 형식은 훗날 그 집단을 흔들거나 심지어 망하게도 합니다.

십일조의 경우도 마찬가지입니다. 신앙을 담는 도구로서의 제도인데, 의미와 맥락에 대한 성찰 없이 형식만 강조하다 보니, 아까워 떠는 지경에 이르고 말았습니다. 혹은 내지 못했다는 죄책감에 하나님께 한 방 맞는 것 아니냐며 두려움에 떠는 일도 있습니다. 나아가 타인의 신앙 없음을 때려잡는 둔기로 돌변하기도 합니다. 본질을 잃을수록 사람은 형식에 더 집착하고 타인에게 그 형식을 강조합니다. 아니, 강요합니다.

요즘도 심심치 않게 "십일조 띵까면 암 걸린다"라는 메시지를 접합니다. 한국 특유의 기복 신앙과 맞물린 메시지 중 하나이지요. 십일조를 강조할 때 전가의 보도처럼 사용하는 성경 구절 하나를 소개합니다. "사람이 어찌 하나님의 것을 도둑질하겠느냐. 그러나 너희는 나의 것을 도둑질하고도 말하기를 우리가 어떻게 주의 것을 도둑질하였나이까 하는도다. 이는 곧 십일조와 봉헌물이라. 너희 곧 온 나라가 나의 것을 도둑질하였으므로 너희가 저주를 받았느니라"(말라기 3장 8-9절).

이 명백한 말씀 앞에 누가 버틸 수 있습니까? 하나님 이름으로 구속하기 시작하면 대책 없습니다. 게다가 십일조 떼먹었다가 암 걸렸다는 식의 간증을 세 번 정도 들으면 계속 버틸 만한 간 큰 인간도 별로 없습니다. 반대로 십일조를 소수점까지 지키던 경건의 아이콘들에게 예수님께서 하신 말씀이 있습니다. "뱀들아 독사의 새끼들아 너희가 어떻게 지옥의 판결을 피하겠느냐"(마태복음 25장 33절).

우리네 찰진 욕 체계로 보면 가소롭게 들릴지 몰라도 당대의 어휘로는 가장 심한 욕입니다. '박하와 회향과 근채의 십일조는 드리되' 즉 지극히 작은 것조차 꼼꼼하게 따져 드리는 그들의 열심이 정작 '율법의 더 중한 바' 즉 십일조가 제정된 근본 이유인 '정의와 긍휼과 믿음'(마태복음 23장 23절)을 저버리게 하였기 때문입니다. 이 부조화를 어찌 해결해야 합니까?

○

말라기 말씀의 맥락을 이해해야 합니다. 당시 십일조는 단순한 헌금이 아니라 신정일치제 사회를 지탱하는 선순환의 재정 운용 시스템이었습니다. 그러니 응당 내야 하고 낼 수 있는 이들이 그것을 이행하지 않으면 문제가 발생합니다. 십일조로 운영되어야 하는 두 가지 주요 포인트, 즉 먼저 하나님을 사랑하는 일인 성전 운영이 되지 않습니다. 성전도 돈이 있어야 운영됩니다. 하나님이 다 하신다는 순진한 생각은 내려놓으십시오. 반대로 돈 이야기하면 세속적이라고 보는 신(新)바리새인주의 시각도 내려놓으십시오. 그리고 십일조의 또 다른 목적인 이웃을 사랑하는 일, 즉 가난하고 약한 이들을 구제해야 하는 일 역시 이루어지지 않습니다.

이 때문에 하나님의 이름으로 모인 이 나라 안에 굶어 죽는 이들이 생기는 경제적 양극화 문제가 심각해집니다. 따라서 이 메시지는 "너희 스스로 복을 얻어 내려는 그놈의 못돼 먹은 소유욕을 내려놓고 하나님의 주권 통치 안에서 누리는 '복'으로 돌아가라"라는 절규입니다. 즉 십일조에 대한 무조건적 강요가 아니라 예수님께서 말씀하신 '정의와 긍휼과 믿음'이 구현되길 원하신 하나님의 탄식이지요. 그런데 이제는 지긋지긋한 형식만 남았습니다.

더 큰 문제는 사용법에 있었습니다. 낮은 곳으로 흘러가는 게 아니라 성전 권력을 차지하고 있던 이들의 배를 불리는 데 사용된 것입니다. 하루도 먹고 살기 어려워 십일조 하기 어려운 이들에게 "다 됐고, 어쨌든 빨리 내!"라고 압박합니다. 이처럼 거룩해 보이는 일련의 활동들, 정의로운 발언이 오히려 수많은 이에게 박탈감과 죄책감을 안겨 주는 폭탄이 될 수도 있습니다. 워딩이 아무리 정의롭더라도 악이 될 수 있습니다. 남에게 헌금 이야기할 때는 참으로 신중하고 조심해야 합니다. 특히 모태 신앙인들의 십일조는 솔직히 자발적 결단이기보다는 부모의 교육에 의해 형성된 것인데, 이를 기준으로 십일조를 하지 못하는 이들의 신앙을 마구 생채기 내서는 안 됩니다.

○

요즘에는 반대급부로 '십일조(헌금) 폐지론'이 등장하였습니다. 예수의 분노가 언뜻 이에 동의하는 것처럼 보이지만, 그 뒤에 의미심장한 말씀을 하십니다. "그러나 이것도 행하고 저것도 버리지 말아야 할지니라"(마태복음 23장 23절). '십일조 폐지론'의 의미에 대해 논리적으로 다툴 여지는 많습니다. 그러나 부정할 수 없는 명백한 사실은 인간이 소유를 매우 사랑한다는 점입니다. 대부분 우리는 가만 놔두면 결국 자기 밥그릇만 챙기는 존재가 될 가능성이 농후합니다. 또한 내용과 의미가 중요하지만, 만고의 진리는 형식이 분명 내용에 영향을 끼친다는 것입니다.

그릇에 담지 않으면 결국 내용물이 사라지지요. 그래서 본질을 담는 형식, 즉 이 모든 것이 하나님의 것이라는 신앙고백을 담을 그릇이 필요합니다. 최초의 그릇이 하나님께서 제시한 십일조입니다. 성경 해석의 유연성에 기대어 시대의 흐름에 더 적합한 논의가 있다면, 물론 '십일조'라는 명칭과 형식은 폐지될 수 있다고 생각합니다. 다만, 헌금의 존재 자체를 부정하는 것은 성경적으로도, 현상적으로도 문제가 있습니다.

선을 그어 보겠습니다. 십일조는 구원과 관계없습니다. 그렇기 때문에 하지 못한다고 죄책감을 느낄 필요도 없고, 한다고 자족할 이유도 없습니다. 그리고 자신이 십의 일을 드린다고 나머지 십의 구는 자기 맘대로 사용해도 된다는 자유함의 근거가 되거나 호사스러운 생활에 대한 자기기만으로 변질되어서도 안 됩니다. 모

두 하나님의 것입니다. 중요한 것은 십일조가 '정의와 긍휼과 믿음'을 담는 복음의 도구라는 사실입니다.

○

구약에서 십일조는 궁핍한 자들에게 희년 제도와 더불어 복된 소식이었습니다. 희년 제도는 50년마다 돌아오는 '희년'에 나팔을 울려 노예 된 자를 해방시키고 빚이 있는 자의 모든 빚을 자동 변제하는 제도입니다. 경제적 어려움으로 인해 팔아 버린 가문의 땅도 아무 조건 없이 돌려받습니다.

십일조에 대한 규정은 거두는 데만 있지 않고 사용하는 데도 있습니다. 십일조의 주요 사용 목적 중 하나가 바로 사회적 약자들에 대한 구제와, 돈이 없어 예루살렘까지 절기를 지키러 가지 못하는 이들에 대한 구제였습니다. 즉 희년 제도와 십일조는 자기 소유를 탐하는 이들에게는 자신의 것을 강제적으로 내어놓아야만 하는 슬픈 일이지만 가난한 이들에게는 참으로 복된 소식이었습니다. 하나님의 법 아래 사는 이스라엘 백성이라는 조건 하나만으로도 자신의 가난함에 비추어 일방적으로 도움을 받기 때문이지요.

이런 게 복음 아닌가요? 아무 조건 없이 자신에게 베풀어지는 은혜의 복된 소식 말입니다. 허드슨 테일러의 일갈을 경청해 봅시다. "우리가 염려해야 할 점은 돈이 너무 적다는 것이 아니라 성별되지 않은 돈이 너무 많다는 것이다."

십일조에 관해 이야기할 때, 많이 들은 질문이 있습니다. "십일조는 과연 세전입니까, 세후입니까?" 굳이 신정 일치 사회에서 국가 종교라는 시스템의 논리로 따지자면 십일조에는 세금의 의미가 포함되었기에, 신정 분리 사회에서는 세후가 논리적으로 맞아 보입니다. 그런데 반전은 율법에 기록된 십일조를 다 합치면 수입의 23.3퍼센트라는 사실입니다. 심장이 쫄깃해지시나요? 결국 명확한 수치와 특정한 방법론으로의 회귀는 또 다른 논란만 야기할 뿐입니다. 진정 그 의미를 누리며 동참한다면 수치에 목매지 않고 정의와 긍휼과 믿음을 실현하기 위해 하나님이 주신 이 나머지 부분들도 어떻게 흘려보낼 수 있을지를 생각할 것입니다. 그런 의미에서 아우구스티누스의 말을 기억하길 바랍니다.

"무엇을 드릴 수 있을까 하고 무척 애쓰지만,
우선 당신 자신부터 바치라.
당신 자신 외에 그분이 무엇을 더 요구하시겠는가!"

당신만 사랑받기 위해 태어난 사람

연말이 되면 텔레비전에서 각종 시상식을 볼 수 있습니다. 그런데 수상 자리에서 "하나님께 영광을 돌립니다!"라고 말하는 분들이 꼭 있습니다. 그다음 날이면 그리스도인들의 SNS에 어김없이 그 수상 소감이 공유됩니다. 맞습니다. 그 엄청난 무대에서 누군가가 그렇게 말하는 것을 보면 별로 관심 없던 사람인데도 갑자기 뭔가 있어 보이고 생긴 것도 거룩해 보입니다. 연기가 발연기니, 저런 사람이 어떻게 상을 받느니 하다가도 하나님께 영광 돌린다고 하면 나도 같이 돌리고 있는 게 우리입니다. 그럴 수 있습니다. 그런데 그 이면에 일명 '고지론'적인 접근이 있는 것은 아닌지 돌아볼 필요가 있습니다.

하다 못해 가위바위보에서조차 세 번 연속 이기면 이건 진짜 하나님의 승리이고 하나님이 하신 것 같습니다. 그는 분명 하나님이 사랑하는 사람, '당신만 사랑받기 위해 태어난 사람' 같습니다. 문제는 진 사람입니다. 하나님이 버리신 거라는 놀라운 귀납적 성경 해석이 등장합니다. 하나님께 영광 돌린다는 수상 소감을 말한 그 사람은 자신의 신앙과 감정에 충실해서 발언한 말일 수 있지만 우리는 그러한 발언 하나로 그 사람의 모든 것을 신앙화하는 것을 주의해야 합니다.

○

사회적으로 성공한 그리스도인의 얼굴이 대문짝만 하게 박힌 신앙 간증집이 여전히 기독교 서적 베스트셀러에서 높은 순위를 차지하고 있습니다. 읽으면서 신앙적 도전을 받을 수 있고 그 나름의 멋진 맛이 분명 있습니다만, 잘못된 인식에서 출발한 것이 많고 그로 인해 독자들은 잘못된 결론을 끌어낼 가능성이 크다는 것을 알아야 합니다. 나아가 아직도 실존하는 인생, 심지어 살아온 날보다 아직 살아갈 날이 더 많은 인생에게 성공을 간증식으로 전하는 것은 분명 위험하다고 생각합니다. 게다가 간증집은 일반 회고록과 달리 신앙적 평가가 남겨져야 하기에 오히려 더 진중한 접근이 있어야 합니다.

작정하고 찾아보면, 승리와 성공에 대해 표현할 수 있는 신앙적인 미사여구는 상상 외로 엄청 많습니다. 그러나 사회적 성공을 신앙적 성공과 동일 선상에 두다가 훗날 뒤탈 난 인생이 참으로 많습니다. 기독교 방송에 나왔다가 9시 뉴스에 나온 인생이 참 많지요. 우리는 분명 각자 다르게 창조되었습니다. 하나님은 그를 만나 주신 그 방법으로 나를 동일하게 만나 주시지 않습니다. 하나님의 자율성을 침해하지 마십시오.

'고지론'이란 우리가 성공해서 큰 영향력을 지닐 때, 주의 일도 크게 할 수 있고 영향력을 펼칠 수 있다는 말입니다. 그래서 유재석 같은 사람이 그리스도인이라면 얼마나 좋을까 하는 상상도 합니다. 참 좋은 일이지요. 분명 복음 전파에 효율적일 것입니다. 그러나 그리스도인은 좋은 것보다 옳은 것, 효율적인 것보다 바른 것을 좇는 이들입니다. 그런 면에서 고지론은 굉장히 위험합니다.

유재석처럼 성공한 이가 그리스도인이 되어 선한 영향력을 널리 발휘한다는 논리라면, 그것은 하나님이 하신 게 아닙니다. 말로는 하나님이 하셨다고 할지 몰라도 그것은 지독히도 인간의 힘을 의지하는 인본주의적 결론입니다. 그럼 나머지 사람들, 가위바위보에 진 평범한 사람들의 영향력은 무시돼도 되는 것인가요?

○

고지론에 노출된 이들은 양극단을 달립니다. 한쪽에는 맹목적으로 성공을 추종하는 이들로 가득합니다. 다른 한쪽에는 자신을 패배자로 규정하여 책임을 회피하거나 무기력감에 빠진 이들이 있습니다. '내가 어떻게? 나 같은 게 뭘. 나는 아직 …….” 이런 말이 겸손처럼 들리지만 아이러니하게도 이 역시 고지에 오르지 못해서 그렇다는 역고지론의 맥락에서 나온 말일 수 있습니다.

한 명의 스타가 구원 역사를 쓴 기억은 거의 없습니다. 세상을 변혁시킨 것은 위대한 영웅이 아니라 평범한 백성, 국민이었습니다. 페르시아(바사)에서 복귀하여 예루살렘 성벽을 다시금 세워 나간 느헤미야서를 상기해 봅니다. 물론 큰 그림을 그리고 그대로 지도한 인물은 '느헤미야'라는 영웅이었지만, 그 과정 중에는 가슴 뭉클한 인물들과 표현들이 등장합니다. 3장에는 성벽 재건에 있어 각기 자신의 역할과 직분대로 공사에 참여한 자들의 명단이 등장합니다.

'예루살렘 지방의 절반을 다스리는' 유력자, '금장색'과 '향품 장사'라고 불리는 부자들도 육체노동에 참여합니다. 또한 여자인 '딸들' 역시 참여합니다. '자기 방과 마주 대한 부분'이라고 표현한 것은 단칸방 혹은 셋방에 세 들어 사는 이를 말하는데 그런 자도 역시 동일하게 공사에 참여합니다. 남녀노소 빈부귀천을 따지지 않고 무엇보다 3장의 표현대로 '자기 방과 마주 대한 부분'의 공사에 헌신적으로 동참했습니다. 그렇게 성경은 정말 아무 의미 없어 보이고, 보면 하품만 나오는 이 명단들을 잊지 않고 굳이 명시합니다.

우린 효율성을 좇는 기계가 아니라 더 선한 게 무엇인지 고민할 수 있는, 즉 가치를 좇을 수 있는 영혼을 지닌 하나님 형상입니다. 가위바위보에 져도, 시험에서 좀 미끄러져도, 유재석이 아니어도 그 자체로 존엄하며 하나님께 각자의 달란트에 맞는 역할을 받았습니다. 우리 안에도 이미 빛나는 것이 있습니다. 이처럼 분명한 진리를 외면한 채 악마의 속삭임에 넘어가 소유욕에 물든 우리의 욕망이, 고지론에 얽매이는 우리의 모순성이 자신을 부패하게 합니다. 고지론을 빙자한 성공주의는 신앙을 파멸로 이끕니다.

폴 트루니에는 「강자와 약자」(IVP)라는 책에서 이런 말을 남깁니다. "세상이 생각하는 것처럼 한편에는 약자가 다른 한편에는 강자가 있는 것이 아니다. 단지, 한편에는 자신의 약점을 인식하고 심리적 보상은 모두 무익하다는 사실을 알며 그래서 하나님의 은혜만 의지하는 약자가 있고 다른 한편에는 자신의 강한 믿음과 이론, 성공과 미덕을 의지하는 약자가 있을 뿐이다."

○

솔로몬, 그는 그리스도인들에게 지혜의 표상이자 가장 화려하게 성공한 이로 받아들여집니다. 그런데 포장을 한 꺼풀만 벗겨 보면 그의 진면목이 드러납니다. 열왕기상 10장 하반부에는 그가 다른 나라에 없는 것을 만들고 소유하기 위해 얼마나 노력했는지가 가감 없이 드러나 있습니다. 결국 이미 고지에 있다고 여겨지는 사람이나 아직 오르지 못해서 고지에 올라가고자 하는 욕구로 충만한 사람이나 본질은 같습니다. 늘 허무하고 더 높은 소유를 얻기 위해, 즉 10장 표현대로라면 '그 어느 왕보다 큰' 자가 되기 위해 기약 없는 굴레에 갇혀 그렇게 살아가는 것이지요.

결국 그것들이 그와 이스라엘을 파멸로 인도합니다. 소유하려 했던 여인들이 우상 숭배를 일삼고, 소유하려 했던 물건과 건물, 군대로 인해 그의 사후에 민란이 일어나고 나라가 분열됩니다. 다윗 왕국을 통해 이루어졌어야 할 복됨이 사그라지며 하나님 나라 역사에 천추의 한을 남기게 되지요.

이런 명백한 과오를 무시한 채 겉으로 드러난 성공만으로 그의 신앙을 칭송하고 그를 롤모델로 여긴다면, 신앙으로 포장된 사탄의 길을 걸을 수밖에 없습니다. 성공이 나쁘다는 것이 아닙니다. 하나님의 이름을 가벼이 얹어 놓고 성공하면 하나님이 도우신다는 그 기복적 마인드가 문제입니다. 팀 켈러 목사님의 말입니다. "죄는 단순히 나쁜 일을 하는 것이 아니다. 죄의 가장 근원적인 문제는 좋은 것을 궁극적인 것으로 만드는 것이다."

○

저도 가끔 제 안에 성공을 추종하고자 하는 욕구를 직면할 때면 소름이 돋습니다. 그런데 주변에 분명 하나님 뜻대로 살았음에도 세상 기준으로 성공하지 못한 분들, 심지어 실패한 분들을 볼 때면 괴롭습니다. 이게 뭐냐고 하나님께 따지고 싶을 지경이지요. 반면 부모 잘 만나서 혹은 정말 운이 좋아서 성공 가도를 달리며 거기에 하나님 꽃 하나 꽂아 놓는 행태에는 고개가 절레절레 흔들어집니다. 그것을 마케팅하여 많은 이의 신앙을 변질시키는 세태는 분명 바뀌어야 합니다.

만약 마지막에 모든 것이 두 배로 회복되었다는 이야기가 없었다면 욥기를 성경책에서 찢어 버렸을 우리네 현주소를 반성해 봅니다. 저는 이런 간증을 듣고 싶습니다. "하나님의 뜻대로 철저하게 살아가다가 정말 오지게 망했다. 정말 쌍욕 나오는 순간들이 었지만 그래도 난 오늘 그분을 의지하며 살겠다." 저는 보고 싶습니다. 그런 이를 감싸며 찐하게 위로하고 영육 간에 실질적인 도움을 주며 다시 세상에 나가서 잘 살아 보라고 격려하는 공동체를 말입니다.

기억하십시오.
당신만 사랑받기 위해 태어난 사람은 아닙니다.
그러나 사랑받기 위해 태어난 사람에
결코 당신이 제외되지 않습니다.

소유냐,
존재냐

저는 가난하게 자랐습니다. 이것이 제가 굳이 지금까지 그토록 '나이키'라는 메이커를 고집하는 이유이기도 하지요. 용돈을 탈탈 털어서 모으고 모아 비록 가장 싼 모델이라도 나이키를 신었을 때의 쾌감이란 ……. 그런데 그 쾌감은 그리 오래가지 않았습니다. 불과 3일입니다. 대학 때는 노트북이 잇아이템이었습니다. 어쩌다 그것을 얻게 되었을 때는 감격의 눈물이 앞을 가렸지만 그 역시 일주일 정도였습니다.

감격이 가장 오래간 것은 '자동차'더군요. 전도사 3년 차였을 때, 어느 날 아버지께서 저를 부르셨습니다. 2년 동안 제가 입 대빨 나온 채 아버지께 꼬박꼬박 상납한 그 적은 사례비로 들었던 적금을 찾아 차를 사라고 주시더군요. 처음입니다. 문득 아버지께 사랑을 느꼈습니다. 저렴한 중고차였지만 열심히 관리하고 꾸며 더 하다가는 호텔 저리 가라 할 정도가 되었습니다. 허나 그것도 잠시였습니다. 두어 달 지나니 곧 쓰레기장이 되더군요.

요즘엔 집, 그중에서도 아파트의 쾌감이 가장 크지 않을까 추측합니다. 그래서인지 텔레비전이나 매체들을 통해 끊임없이 아파트 광고가 흘러나옵니다. '품격의 차이', '행복을 부르는 공간', 이런 문구를 보면 거기에만 살아도 마치 다른 존재가 될 것 같습니다. 지극히 몽골리안의 후예처럼 생긴 저도 아메리칸으로 살 수 있을 것 같지요.

○

신경학자들은 어떤 특정 상표의 물건을 샀을 때의 감정과, 깊은 종교적인 체험을 했을 때의 감정이 거의 같은 반응을 가져온다는 유의미한 결과를 내놓았습니다. 아마 이 점이 바로 예수님께서 맘몬을 하나님의 경쟁자처럼 말씀하신 이유겠지요. 그런데 그 소비가 주는 쾌감은 다 구라입니다. 아무리 길어도 몇 달입니다. 심지어 또 다른 비교 대상이 생기며 부족함을 느끼지요. 쾌감은 있으나 만족은 없습니다. 이런 방식의 삶은 인생을 더 피폐하게 만듭니다.

이러한 인간의 심성을 잘 분석한 책이 있습니다. 1976년 발간된 에리히 프롬의 「소유냐 존재냐」입니다. 풍요로워지는 세상 속에 파괴되는 인격에 대한 통찰을 담고 있는 참 의미 있는 책이지요. 이 책은 유명한 '칼 마르크스'의 도발적인 문구로 시작합니다. "당신의 '존재'가 희미하면 희미할수록 그리고 당신이 당신의 생명을 적게 표현하면 표현할수록 당신은 그만큼 더 '소유'하게 되고 당신의 생명은 그만큼 더 소외된다."

에리히 프롬은 이 책에서 사람을 두 종류의 유형으로 나눕니다. 소유를 지향하는 인간과 존재를 지향하는 인간입니다. 소유형 인간이란 삶의 의미와 목적을 소유하는 데 두는 사람이고, 존재형 인간이란 삶의 의미와 목적을 인간답게 존재하는 데 두는 사람입니다. 이 책의 유의미함은 '신앙'이라는 주제마저 이 담론을 통해 기가 막히게 풀어낸다는 점이지요. 한 문장만 발췌해 봅니다. "소유 양식으로서의 신앙은 스스로는 모색할 용기를 가지고 있지 못하면서 확신을 원하고 인생의 의미를 찾으려고 하는 절름발이 인간들을 위한 목발이 된다."

○

성경 속 한 사건이 떠오릅니다. "예수께서 이르시되 네가 온전하고

자 할진대 가서 네 소유를 팔아 가난한 자들에게 주라 그리하면 하늘에서 보화가 네게 있으리라 그리고 와서 나를 따르라 하시니, 그 청년이 재물이 많으므로 이 말씀을 듣고 근심하며 가니라. 예수께서 제자들에게 이르시되 내가 진실로 너희에게 이르노니 부자는 천국에 들어가기가 어려우니라"(마태복음 19장 21-23절).

소위 '부자 청년'이라 불리는 그 사람은 예수님께서 '나눠 주고 나를 따르라'고 하시자 심히 '근심하며 갔습니다'. 재미있는 점은 처음에 반복되어 '청년'이라 소개된 이 사람이 근심하며 돌아간 후, 예수님께서 그를 일반화하여 '부자'라는 말로 표현하신다는 사실입니다. 그런데 문득 이 표현의 전환이 시선을 멈추게 합니다. 이것은 그 사람에 대한 예수님의 통찰이자 규정 아닐까요? '청년'이라는 말은 생물학적 의미에서 누구에게나 해당하는 인간 '존재'에 대한 표현입니다. 반면 '부자'라는 말은 단지 '수식어'일 뿐이지요. 근심하며 돌아간 그는 스스로 자신이 단지 '부자'였을 뿐이라는 걸 고백한 것입니다. 소유 정도, 즉 수식어가 한 인격의 정체성을 규정합니다. 이 시대를 사는 우리도 다를 바 없습니다.

어느새 우리는 영혼의 가치보다 소유로 사람의 경중을 따지는 데 익숙합니다. 세상은 그러한 열망에 끊임없이 기름을 붓지요. '부

자 청년'이라는 표현을 봤을 때 무엇이 먼저 눈에 들어옵니까? '청년'인가요, '부자' 인가요? 이미 우리는 수식어 놀이에 익숙합니다.

신앙에서도 수식어에 더 집착합니다. 존재가 아닌, 기능과 달란트, 직분과 직책에 초점을 맞춥니다. 이처럼 소유 지향적 인생에 가장 결여되는 것이 바로 '감사'입니다. 부르심에 근거한 '미래적 존재'가 아닌, 지독히 '과거나 현재의 소유', 혹은 오직 눈에 드러나는 수식어적 기준에만 초점을 맞추기 때문입니다. 그래서 소유가 적거나 많거나 늘 근심하지요. 소유한 것이 너무 많아 근심하며 돌아가던 그 역시 육체적 나이만 '청년'일 뿐 단지 '부자'에 불과했습니다.

○

이처럼 더 많은 소유를 얻는 게 우리네 인생 목적이고 그러한 '수식어 성애자'처럼 살아간다면 예수님의 말씀처럼 결단코 하나님 나라에 들어갈 수 없습니다. 아무리 경건의 모양을 갖추고 있다 하더라도 그것이 그의 존재 가치를 지탱하는 우상이기 때문입니다. 예수님은 존재인 '청년'은 부른 적 있어도 수식어인 '부자'를 부르신 적은 없습니다. 결국 그 부자는 다 가진 자였으나 비어 있는 자였고 도움을 줄 수 있는 자였으나 도움 없는 자였습니다. 결국 '자력(自

力)'은 있으나, '타력(他力)'이 부재한 공허한 존재였지요.

에리히 프롬의 사자후를 들어 보시지요. "소유 양식에서의 신은 하나의 우상이 된다. 예언자들이 말하는 의미로는 인간이 만들어 낸 한낱 사물이며 인간은 그것에 자신의 힘을 투영함으로써 결국 스스로 악화시키는 결과를 초래한다. 말하자면 인간은 자기가 만든 피조물에 굴종하게 되며 그럼으로써 소외 형태에 빠진 자신을 경험하게 된다."

'더 많이'는 물리적 풍족함은 보장하더라도 마음의 평안까지는 보장해 주지 못한다는 사실을 이제 다 알지 않나요? '더 많이'는 언제나 현재의 행복을 담보로 한다는 사실을 기억하십시오.

무엇보다 하나님은 '존재'를 부르셨지
'소유'를 부르시지 않았습니다.
수식어를 제거합시다.
하나님은 당신 '존재' 하나면 충분하십니다.

합법적 기복 신앙

저는 재미있는 징크스 하나를 가지고 있습니다. 도심의 지하철역 인근에서 항상 만나는 사람들이 있다는 거죠. 100퍼센트입니다. "도를 아십니까?" 신기하게도 그 많은 사람 중에 꼭 저에게 찾아와서 말을 겁니다. "선생님, 참 복 있어 보이십니다. 잠깐 대화 가능하시겠습니까?" 이런 일이 반복되다 보니 '역시 내가 하나님 믿어서 복 있게 생겼나 보다'라며 대수롭지 않게 넘기기도 했습니다. 그런데 나중에 곰곰이 생각해 보니 '내가 정말 겁나게 복 없게 생겼나 보다'라는 생각이 들더군요.

또 이런 생각도 듭니다. 수많은 거절에도 저 사람들이 포기하지 않는다는 것은 분명히 따라가는 사람이 꽤 있을 것이라는 생각입니다. '복'을 싫어하는 사람이 있겠냐마는 특별히 한국 사람들에게 '복'이란 본능적 기제 같습니다. 맞습니다. 우리는 정말 복을 갈구하는 사람들입니다.

○

우리는 감사한 제목은 안 적고 감사하고 싶은 제목을 적어 감사 헌금을 드리는 데 익숙합니다. 또한 아무리 만인제사장론을 설파해도 목회자를 일종의 샤먼처럼 보는 경향 역시 좀처럼 사라지지 않습니다. 물론 성경은 복을 외면하지 않습니다. 오히려 성경은 수많은 개념의 복을 약속합니다. 이 때문에 복을 추구하는 우리네 본성 자체를 외면하고 복을 추구하는 성향 자체를 잘못되었다고 말하는 신바리새인적 태도는 나가도 너무 나간 것입니다. 복을 추구하는 인간의 기복적 성향을 무시하고 정죄하는 것은 분명 잘못입니다. 다만, 복을 물리적 영역으로만 제한하고 그것을 조장하고 집착할 때 문제가 되는 것이지요.

식민 지배와 전쟁의 참화를 거치며 반복적으로 제창한 '잘살아 보세!'의 영향도 분명 있을 것입니다. 그렇더라도 소유의 정도로 복의 유무를 판단하는 경향이 매우 지나칩니다. 사회가 이를 강력히 조장하지요. 대한민국 1퍼센트의 삶이 텔레비전 속에서는 일상처럼 등장합니다. 광고는 이 아파트에 살면 당신은 전혀 다른 사람이 되고, 이 통신사를 쓰면 잘생겨지고, 이 차를 타면 차원이 다른 사람이 된다고 말합니다. 끊임없이 'OO 없는 너는 복이 없는 자'라고 부추기며 품격의 가치를 높이라고 속삭입니다. 그래서 충분히 괜찮은 삶의 자리에 있는 이들조차 끊임없이 결핍 증세를 호소하며 스스로 자학하지요. 그러다 보니 두려움의 원인을 자각하지 못한 채, 단지 두려움을 잠시 잠재워 달라는 의미에서 지극히 종교적 뉘앙스로 복을 강청합니다.

○

그렇다면 과연 무엇이 복의 참된 의미입니까? 예수님께서는 마치 십계명을 읊듯이 하나님 나라의 새로운 언약으로 팔복을 읊어 나가십니다. 이 팔복 선언으로 말미암아 진정한 의미의 복, '복음'적 복의 개념이 회복됩니다. 당시 토라에 통달한 랍비들은 '……을 얻는 자, ……을 하는 자'는 복이 있을 것이라고 이야기하나, 예수님께서는 (심령이) 가난한 자가 (이미) 복된 자라고 선포하십니다. '있어'야 하고 '해야 함'이 아니라 '없어'야 한다는 것입니다. 성취와 달성이 복의 조건이 아니라 약함과 결핍이 복의 조건입니다. 복의 개념을 완전 거꾸로 세워 버린 엄청난 반전입니다.

이러한 반전의 의미와 광대함을 이해하고 따르는 진정한 복의 사람들이 한국교회의 주류가 되면 좋겠습니다. 잘못된 복 개념으로 행해지는 무조건적 기복 추구는 복음을 귀곡성으로 변질시켜 자신, 이웃, 심지어 사회마저 피폐하게 만듭니다. 작금의 개독교 논란은 그러한 귀곡성의 울림들이 남긴 반향이 아닐까요?

반대로 유례없이 복을 사랑하는 우리네 복 개념이 성경적으로 수정되고 우리가 그런 복을 지향한다면 그 긍정적 파급력은 어마어마할 것입니다. 그렇게만 된다면 개인적 신앙 회복은 물론이고 복음의 공공성 역시 회복될 것입니다. 당연히 '도를 아십니까?'와 별 차이 없어 보이는 영업식 전도는 사라지고 사람들이 진정한 복을 받기 위해 하나님을 찾아올 것입니다.

○

어느 날 제 아버지의 삶을 반추해 보았습니다. 문득 아버지가 참 작아지셨다는 생각이 들었거든요. 어렸을 때야 아버지가 강하고 위대해서 범접할 수 없는 인물이었지만 일종의 르네상스를 거친 이후엔 달리 보이더군요. 즉 대가리가 적당히 여물고 돈을 벌기 시작한 이후부터는 범접할 수 없는 초월적 대상이셨던 아버지가 드디어 제 머릿속 사유의 대상으로 들어오셨습니다.

제 아버지는 전북 익산 인근의 한 농가에서 5남 3녀 중 일곱번째, 형제 중에서는 넷째 아들로 태어나셨습니다. 형제 중에 가장 어정쩡하고 후달리는 순번이었지요. 아버지는 정말 성실하면서도 수줍음 많은 내향적 성격의 소유자십니다. 무엇보다 순박하시지요. 그래서 팔랑귀도 이런 팔랑귀가 없습니다. 만약 제가 동시대 사람이었으면 옥장판 100장 정도는 능히 팔고도 남았을 정도니까요.

어쨌든 이처럼 착하고 우직하고 성실하신 아버지는 어정쩡한 순서로 태어나신 탓인지 집안의 온갖 잡일을 도맡아 하셨다고 합니다. 그러다가 누나들은 모두 시집가고 형들은 일찌감치 공부나 돈을 벌기 위해 서울로 상경하였을 때에도 홀로 집에서 식모살이처럼 묶여 있었지요. 그럴 수밖에 없었던 또 다른 이유는 공부를 그리 썩 잘하지 못하셨거든요. 본인은 어렸을 때 약을 잘못 드셔서 기억력이 감퇴되었다고 항변하시지만 슬픈 팩트가 있지요. 즉 아무리 포장을 잘하더라도 제 아버지는 형제 중 가장 끗발 없고 결핍으로 가득하셨습니다. 잘 나갈 수 있는 조건이 없었지요. 그런데 다른 누구도 아닌 제 아버지가 목사가 되셨습니다. 다른 형제들은 공부 잘하고 돈 잘 벌 때, 아버지는 교회에 가셨거든요. 아니, 그래서인지 아버지만 열심히 나가셨습니다. 그리고 깊은 은혜와 체험들을 통해 목사의 길을 가게 되신 것입니다. 결핍이 오히려 복을 누리는 통로가 된 것이지요.

여러분이 그러할 수도 있고, 부모나 지인 중에 그런 모델이 되어 주시는 분도 있을 것입니다. 성경의 그 모델은 구식이 아니라 여전히 반복되는 생생한 모델이거든요. 결핍된 자를 부르시는 이 논리는 여전히 확고부동합니다. 결핍을 수치로 여겨 눈을 감고 있지는 않나요? 제발 눈을 뜨십시오. 하나님이 일하시는 방법을 직시해 보시기 바랍니다.

주님이 가르쳐 주신 기도의 한 구절, '뜻이 하늘에서 이루어진 것같이 땅에서도 이루어지이다'가 실현되길 바랍니다. 제발 복을 음성적으로 조장하지 마십시오. 또한 기복을 무조건 불법이라고 깎아내리지도 마십시오. 우리 좀 떳떳하게, 그리고 멋지게 복을 추구합시다. '합법적 기복 신앙'으로 나아가길 바랍니다. 「순전한 기독교」(홍성사)에서 C.S. 루이스가 남긴 말로 마무리해 봅니다.

"천국을 지향하면 세상을 덤으로 얻을 것입니다.
그러나 세상을 지향하면 둘 다 잃을 것입니다."

5

'교회 밖 세상에도 하나님은 계실 텐데……'

'문화'는 늘 기독교에 두려움을 선사했습니다.
그래서 문화가 가진 이교적 속성 앞에 두려워하고 적대시했지요.
유독 짧고 강렬한 신앙의 대폭발을 맛본 한국 기독교는
'문화'에 대응할 때에도 아주 강렬한 메시지들을
유통시켰었습니다.

그렇다면 커피도 마시지 마소!

송강호, 전도연 씨 주연의 '밀양'이라는 영화가 있습니다. 기독교 신앙을 주제로 이를 둘러싼 인간 군상과 신의 응답에 대한 철학적 화두를 던진 영화로 해외에서 큰 호평을 받았지요. 이름도 겁나게 기름진 깐느 영화제에서 전도연 씨가 여우주연상을 받으며 유명해졌습니다. 그런데 그 유명세와 달리 국내에서는 그리 큰 반응이 없었습니다.

단, 유독 민감하게 반응한 집단이 있었으니 바로 한국교회입니다. 극렬하게 찬반이 나뉘었습니다. 과연 기독교 영화인가, 반기독교 영화인가? 예술인가, 적그리스도 영화인가? 대부분 부정적인 관점으로 결론지었습니다. 아마도 이 영화의 주된 시퀀스들이 한국교회의 부정적 모티브들을 기반으로 진행되었기 때문일 것입니다. 그래서 정작 일반 관객들은 관심도 없었는데 오히려 기독교인들의 항의와 별점 테러로 주목받았던 해프닝이 있었지요.

○

'문화'는 늘 기독교에 두려움을 선사했습니다. 그래서 문화가 가진 이교적 속성 앞에 두려워하고 적대시했지요. 유독 짧고 강렬한 신앙의 대폭발을 맛본 한국 기독교는 '문화'에 대응할 때에도 아주 강렬한 메시지들을 유통했습니다. 대표적인 기수가 90년대 한국교회 문화 코드를 잠식했던 '낮은울타리'입니다. 순기능적 측면이 있었지만, 유독 '문화'에 대해서는 각을 세웠습니다.

지금 생각해 보면 음모론 축에도 속하지 못하는 온갖 낭설들을 유통하면서 영화, 음악 등 장르를 불문하고 공격했습니다. 마치 '문화를 증오하는 그리스도'랄까요? 마귀라 불렸던 '서태지와 아이들', 그들의 '백워드마스킹' 사태는 어찌할까요? 물론 저도 아직 의문이긴 합니다만, 대부분 낭설이거나 전혀 의도 없는 사건이라고 밝혀졌습니다. 오히려 이 사태가 교회 지도자들을 향하여 기본적인 상식과 소양을 갖출 필요가 있다는 메시지로 전가되었지요. 그런데 아직도 음모론이 유통되는 모습을 보면 답답합니다.

뉴에이지 음악이라 불리는 것들도 빼놓을 수 없습니다. 특정 한 장르로 규정되지도 않는 이 두루뭉술한 음악에 대해 누군가 묻더군요. "카페에서 뉴에이지 음악으로 분류된 이루마의 'Kiss the rain'이 나오는데 어떻게 해야 합니까?" 대답했습니다. "그럼 커피도 마시지 마소. 하나님이 주신 몸을 쉬지 못하게 하는 각성제 카페인으로 가득한 커피는 왜 마십니까? 설사 그 노래가 뉴에이지더라도 당장 카페인보다 나쁘지 않을 것입니다."

음악이 심리와 정서에 끼치는 영향이 분명히 있습니다. 영적 상태와 연결 지을 수도 있지요. 하지만 정작 가사도 없는 음의 선율만을 가지고 어떻게 그 노래를 뉴에이지 사상을 담고 있다고 쉽게 단정 지을 수 있는지 모르겠습니다. 어떤 특정 장르의 음악이나 악기를 비기독교적이라고 할 이유는 없습니다. 한때의 주류 문화를 전 세대의 정통 문화로 둔갑시키는 우를 범하지 않았으면 합니다. 젊은이들이 열광하는 힙합은 '장르' 자체가 아니라 폄하와 욕설로 가사를 채울 때 문제가 됩니다. 드럼은 '악기'가 문제가 아니라 오직 감정 고양만을 목적으로 채울 때 문제가 되는 것입니다. 너무 쉽게 옳고 그름의 문제로 옮기지 마시고 그냥 싫으면 싫다고 말하면 됩니다. 취향의 문제가 절대화되면 피곤해집니다.

이제 역설적으로 이렇게 제안합니다. 차라리 온갖 막장 코드로 범벅된 드라마를 속히 끊으십시오. 피 토하듯 "주여!"를 외치며 한 시간 부르짖으면 뭐합니까? 온갖 치정 상황, 외모 지상주의, 상위 1퍼센트의 삶을 일반화하는 막장 드라마를 한 시간 보는 것이 오히려 우리네 영성에 더 해악을 끼칠 수 있습니다.

폴 트루니에는 「죄책감과 은혜」(IVP)에서 이런 표현을 남깁니다. "우리 자신에게서 발견되는 것들은 우리를 수치스럽게 한다. 그러나 그보다도 훨씬 더 우리를 수치스럽게 하는 것은 우리 자신을 하나로 통합시키지 못하고 우리의 숨겨진 존재와 드러난 존재의 이중성을 없애지 못하는 무력함이다."

○

윌리엄 폴 영의 「오두막」(세계사)이라는 기독교 베스트셀러가 영화화되었습니다. 아니나 다를까 문제가 제기되더군요. 주로 교의적 비평이고 다 일리 있는 지적들입니다. 그런데 강하게 선을 그으며 절대 보지 말아야 한다는 이들에게는 딴지를 걸고 싶습니다. 하나님을 그렇게 정확히 알려면 그냥 성경을 봐야지 뭐하러 각색된 영화를 봅니까? 아무리 B급 영화라도 자체의 세계관을 그려 내고 나름의 종교적 기능을 담당하는 메타포가 깔려 있는데 말이죠. 그렇게 반대만 한다면 어찌 감히 우리가 '영화'라는 문화를 대할 수 있겠습니까? 그리고 '왕중왕'이나 '십계'도 엄밀히 말하면 그리 성경적이지만은 않습니다. 저는 우리가 그 정도 변형과 왜곡에 휘둘릴 정도로 작은 믿음의 소유자라고 생각하지 않습니다.

C.S. 루이스의 「스크루테이프의 편지」(홍성사)라는 유명한 작품이 있습니다. 처음부터 끝까지 마귀들 간의 대화입니다. 고도의 레토릭이 가미된 우아한 기독교 작품이지만 어느 시대에나 맥락 테러범들은 있습니다. 비난이 엄청났지요. 허나 수많은 그리스도인은 이 작품을 읽고 자신의 신앙을 돌아보고 더 굳건히 했습니다.

○

긴말 필요 없습니다. 자신이 사는 그 터전 자체를 금기시한다면 그곳에서 무슨 선한 것이 나오겠습니까? 문화 자체를 적대시하는 이들로부터 결코 문화는 생성될 수 없습니다. 문화에 대한 터부는 결국 상상력의 빈곤으로 이어지고 기본적인 문화 욕구가 충족되지 않으면, 문화 공동화 현상이 일어납니다. 결국 문화라는 기본적 욕구는 공백을 허용하지 않기에 우리에게 좋지 않은 영향을 끼치는 문화로 채워지는 아이러니한 생황이 발생합니다. 심지어 남들이 상상해 놓은 음모론에 쉽게 빠지고 열광하기도 하지요.

문화 콘텐츠 창작자들과 예술적 감성으로 충일한 이들이 교회를 떠나는 이유에 대해 고민해 보아야 합니다. 문화는 마귀가 아닙니다. 마귀가 잘 사용하는 통로일 뿐이지요. 그런 맥락이라면 오히려 '돈'이 더 사악합니다. 그렇지만 우리는 돈을 경계할 뿐이지 금하지는 않습니다. 인간이 욕망할 수 있는 모든 것에 마귀는 역사합니다. 그래서 조심하고 분별해야 하나 무조건 악으로 매도해서는 안 됩니다.

아직 신앙이 여물지 않았다고 여겼던 이들이 오히려 콘텐츠의 핵심을 잘 꿰뚫고 논의를 통해 자신의 신앙을 돌아보는 경우도 보았습니다. 즉 '문화'는 일방적인 계도의 영역이 아니라, 공동체적 이해와 집단 지성으로 넘어야 할 문제입니다. 무조건 금기시하지 말고 대화를 하고 나눔을 합시다. 하나님이 창조하신 인간은 결코 반문화적으로 살아갈 수 없는 존재임을 기억하십시오.

그리스도인은 '증언자'로서
현재 그 자리의 문화에 대해 무조건적 부정이 아닌,
창의적으로 답변해 나갈 의무도 있습니다.

꽐라 될 때까지는 마시지 마소!

어떤 그리스도인이 자기는 단 한 번도 술을 입에 대보지 않았다고 말합니다. 그래서 물었습니다. "성찬식 한 번도 참여 안 하셨나요?" 성찬주도 주(酒), 즉 술입니다. 그리고 심지어 예수님은 이렇게 말씀하십니다. "인자는 와서 먹고 마시매 너희 말이 보라 먹기를 탐하고 포도주를 즐기는 사람이요 세리와 죄인의 친구로다 하니"(누가복음 7장 34절). 먹보에 술꾼이라고 공격받았음을 피력하시는 것입니다. 비록 모함이지만 예수님께서 술을 꽤 잘 마셨다는 것은 부정할 수 없는 사실입니다.

가끔 일부 답답한 인생들이 이것을 가리켜 '포도즙'이라고 항변하는데, 전통에 근거하여 성경을 재해석해 버리는 어리석은 짓

으로 보입니다. 그렇다면 포도즙과 포도주를 나누는 경계 도수는 어떻게 정할 것입니까? 우리 솔직하게 고백해 봅시다. 성찬식 때 마시는 교회 성찬주가 좀 맛있나요? 솔직히 한 잔 더 받고 싶다고 생각해 봤잖아요!

○

술은 '선악과' 같은 금제의 물질이 아닙니다. 결정적으로 예수님께서 이렇게 말씀하십니다. "예수께서 이르시되 …… 이러므로 모든 음식물을 깨끗하다 하시니라"(마가복음 7장 18-19절). 바리새인들과의 정결례 논쟁 중 먹는 것이 사람을 더럽게 하지 못한다고 1차 폭탄을 투하하셨고 나아가 더는 이딴 논쟁이 일어나지 못하도록 모든 음식물을 깨끗하다고 선포하십니다. 즉 우리가 도출해 낼 수 있는 답변은 성경이 술 자체를 단순한 음식물로 치부한다는 사실, 그리고 술뿐 아니라 어떤 음식물도 그 자체로는 옳고 그름이 없다는 사실입니다. 단지 사용하는 자와 사용법의 문제일 뿐이지요.

예전부터 '약술'이라 칭하며 반주를 즐겼던 우리네 문화라든가, 오히려 적절한 음주가 혈액 순환에 도움 된다는 연구 결과라든가, 무엇보다 바울이 디모데에게 병을 위해 포도주를 쓰라고 권면하는 것을 보면 술을 선악과처럼 다룰 만한 근거는 없습니다. 결국 그 위에 덧씌워진 프레임에 대한 해석 영역이지 선악을 다툴 깜이 못되는 그저 음식일 뿐입니다.

굳이 술에 대한 성경적 가르침을 집약한다면 '절제된 자유함'이라고 말할 수 있습니다. 그렇다면 왜 유독 한국교회는 술을 비관용적으로 다루어 왔을까요? 우선 역사적 맥락을 이해할 필요가 있습니다. 한국교회 금주법은 한국의 복음화를 이끈 미국 선교사들에 의해 주로 이루어졌습니다. 이 때문에 그들의 금욕적이고 경건주의적인 신앙 성향에 영향 받았음이 분명합니다. 하지만 절대적이지는 않습니다. 오히려 당시 우리네 역사 상황과 더 긴밀히 결부되지요.

급격한 강제적 개화와 일제 강점기를 거치며 누적된 사회의 피로는 도박이나 아편, 지나친 음주로 표출되었습니다. 선교사들은 이러한 한국 상황 가운데 한국인의 심신과 신앙을 훼손시키는 몇 가지 악습들을 선정하였습니다. 음주만이 아니라 도박과 아편, 축첩 제도 등이 그것입니다. 그리고 이것들을 단호하게 교회법으로 금지시키고야 말았습니다. 지나친 처사가 아니라 개인 신앙과 교회와 사회를 좀먹는 심각한 죄악에서 탈출시키기 위해서입니다. 즉 금지 자체가 아니라 거룩함에 방점이 있습니다.

그런데 문제는 아직도 그 사회적 해악이 해소되지 못했다는 것입니다. 멍멍이가 되도록 마셔도 누구 하나 제지하지 않습니다. 길바닥에 김치전을 부치며 누워 있어도 그냥 둡니다. 심지어 음주 후 저지른 범죄 행위에 대해 지나치게 정상 참작을 해주는 관행을 보면 우리네 문화가 음주에 얼마나 관용적인지를 확인할 수 있습니다. 사대주의적 접근은 아니지만, 서구는 술을 유흥의 도구가 아니라 단지 음식의 하나로 대합니다. 또한 그들의 음주 문화는 가족 중심으로 건강하게 형성되며, 절제하지 못하는 이를 중독과 치유의 관점으로 봅니다. 우리네 음주 문화와는 달라도 너무 다릅니다.

○

철저히 유대의 문화 요소를 반영하는 성경이 '절제된 자유'를 선포하는 의미에 대해서도 돌아보아야 합니다. 지극히 메마르기에 마실 물이 부족한 팔레스타인에서는 식수의 대체재를 그 땅의 주산 과일에서 얻습니다. 그렇게 채집하여 저장한 과일은 고온 건조한 그 땅의 기후 때문에 쉬이 발효되는데, 이것을 식수의 대체재로 활용하는 것입니다. 그런데도 성경이 술을 긍정적 의미보다 부정적 뉘앙스로 언급하는 구절이 훨씬 많다는 사실과 현대의 경건한 유대인들이 포도주 농도를 사 분의 일 정도로 희석해서 마신다는 사실은 우리에게 생각할 거리를 던집니다.

따라서 음주 문제는 철저히 성경에서 명하지도, 금하지도 않은 행동들, 즉 '아디아포라(Adiaphora)' 영역으로 볼 수 있습니다. 아디아포라 영역을 어떻게 대해야 하는지에 관해 바울이 보여 준 귀한 사례가 있습니다. 바울은 '우상의 제단에 올려졌던 음식을 먹어도 되는가?'라는 질문에 이렇게 대답합니다. "그런즉 너희의 자유가 믿음이 약한 자들에게 걸려 넘어지게 하는 것이 되지 않도록 조심하라 …… 그러므로 만일 음식이 내 형제를 실족하게 한다면 나는 영원히 고기를 먹지 아니하여 내 형제를 실족하지 않게 하리라" (고린도전서 8장 9, 13절).

비록 성숙한 시각은 아닐지라도 누군가가 그렇게 생각한다면 그들을 존중하여 먹지 않겠다고 선언합니다. 단순한 음식이기에 먹어도 된다는 원칙도 중요하지만 단순한 음식이기에 타인을 위해 안 먹을 수도 있는 것이지요.

○

많은 논의를 뒤로한 채 감동적인 이야기 하나 던져 봅니다. 간하배(Harvie M. Conn)라는 선교사의 일화입니다. 그분은 본래 고국에서 파이프 담배를 즐겨 피우던 분이었으나 한국에서 사역하는 동안은 일절 주초를 하지 않으시고 임기가 끝나 고국으로 돌아가신 후에

야 다시 즐기셨다고 합니다. 고국으로 돌아가신 뒤 어느 날 한 한국에서 제자가 찾아왔는데 교수실에서 담배를 피우는 선교사님 모습을 보고 놀라 이런 돌직구를 날렸답니다. "저는 평소 선교사님을 흠모하고 선교사님이 선포하시는 말씀에 큰 은혜를 받았습니다만 이렇게 담배 피우시는 모습을 보니 마음이 너무 불편합니다." 저 같으면 사이다 한 병 원샷하고 손에 든 파이프 담배로 골을 쪼개 버렸을 터인데 이 어마무시한 양반은 그날로 담배를 끊었다고 하네요. 쿨내가 진동합니다. 자발적 족쇄입니다. 여기에 누가 감히 돌을 던지겠습니까? 이를 가리켜 '그리스도인의 덕'이라고 합니다.

존 파이퍼는 「하나님이 복음이다」(IVP)에서 이렇게 말합니다. "사랑이란, 사람들이 그리스도 안에서 하나님의 영광을 영원히 보고 또 맛보도록 돕기 위해 당신이 해야 하는 일은 무엇이든 하는 것이다."

그래서 저는 바울도, 간하배도 아니지만 그리스도인의 금주를 아직은 긍정합니다. 아무리 부정하고 싶어도 이미 형성된 금주 전통의 영향력이 여전하고, 나아가 아직 변할 기미가 보이지 않는 우리네 부정적 음주 문화 때문에 그렇습니다. 물론 감사하게도 더디지만 서서히 문화가 바뀌고 있습니다.

아직도 전통을 기준으로 남을 정죄하는 유아기적 발상에 머무는 분들은 없길 바랍니다. 그럴 만한 깜이 못 되는 문제입니다. 그래서 조금 짓궂은 생각이지만, 만약 율법주의 개념으로 금주를 주장하는 이가 있다면 마트에서 술을 한번 구입해 오라고 부탁해 보고 싶습니다. 사는 것은 문제가 아니니까요. 요리에 첨가할 수도 있고요. 그런데 이를 본능적으로 꺼림칙하게만 받아들인다면 도그마화되었을 가능성이 농후합니다. 즉 구체적 상황과 맥락을 고려하지 않고 무조건적으로 '술은 반기독교적이다'라고 여기는 것이지요. 술 마시는 것 가지고 남을 함부로 정죄하는 것, 그리고 술은 마시지 않으나 다른 것들을 너무 많이 처묵처묵해서 남산만 하게 나온 그 배때기가 하나님 앞에서는 더 악한 탐욕의 상징임을 알아야 합니다.

○

성경의 명시적 가르침을 잊지는 맙시다. "술 취하지 말라 이는 방탕한 것이니 오직 성령으로 충만함을 받으라"(에베소서 5장 18절), "이와 같이 집사들도 …… 술에 인박히지 아니하고"(디모데전서 3장 8절). 술은 단지 음식일 뿐이지만, 그 특유의 희락적 특성과 해악성이 상존합니다. 우리 모두 압니다. 과도한 음주는 건강을 잃게 합니다. 더욱이 필름이 끊긴다는 것은 하나님의 형상으로서의 인격을 스스로 상실시켜 멍멍이로 만들고, 나아가 옳고 그름을 분별해야 할 임무가 부여된 하나님 형상으로서의 자리를 포기하는 큰 실책입니다. 그래서 특별히 교회 공동체를 위해 하나님의 뜻을 분별해야만 하는 중직들에게 술에 인박히지 말 것을 권면한 것이 아닐까요?

제 결론은 이러합니다. 우선 저는 돈 문제라면 모를까 고작 먹고 마시는 문제로 누군가와 싸우기 싫습니다. 제발 기독교를 음식 가지고 쪼잔하게 구는 그런 종교로 만들지 마십시오. 그런데 열심히 설명해도 어차피 자기 맘대로 하더군요. 그렇다면 마시고 싶을 때까지 마시세요. 그러다가 만약 중독 혹은 공교회적 덕 차원에서 불편함이 느껴지는 때가 온다면 그때는 절제하십시오.

그리고 술이 자신을, 그리고 타인과의 관계를 지나치게 망치고 있다면 과감히 끊길 바랍니다. 아니면 주도(酒道)를 존중하면서, 마셔도 좀 간지나게 마십시다. 제발 꽐라 될 때까지는 마시지 마십시오. 그리고 만약 안 마시고 있다면 굳이 마실 필요는 없습니다. 좋지 않은 문화로 이어지는 경우가 여전히 많기 때문입니다.

그리고 부탁드립니다. 최소한 개교회 내에서만이라도 공동의 논의와 합의를 하십시오. 제발 쉬쉬하다 고작 먹는 것 가지고 서로 얼굴 붉히지 않았으면 합니다. 또한 제안하고 싶습니다. 술을 단지 음식 영역으로 돌릴 수 있는 가장 강력한 방법은 아이러니하게도 성찬 문화의 회복이 아닐까 생각합니다. 주일 예배 공동체와 가정교회의 의미를 담당하는 소그룹에서 초대교회 전통과 같이 성만찬의 요소가 회복된다면 자연스레 술에 대한 시선과 음주 문화가 바뀔 것이라 생각됩니다. 그래서 바랍니다. 언젠가 그리스도 안의 형제자매들이 술 이야기가 나오면 눈치 게임 하듯 서로 민망해하는 게 아니라 모두가 편하게 교제하며 기분 좋게 한 잔씩 하는 날이 왔으면 합니다.

그때 누군가 저에게
가장 좋은 술 한 잔 사 주시길 바랍니다.
그래도 취할 정도로는 마시지 않을 것입니다.
전장의 장수에게 취함이란 가당치 않으니까요.

SNS
영성

상상해 봅니다. 천국에 가면 입구에서 가장 처음 우리를 맞이할 천사의 손에는 '아이패드'가 들려 있고 '생명책' 앱을 열어 명단을 검색하는 모습을 말입니다. 우스갯소리지만 스마트 폰이라는 희대의 발명품이 세상에 선보인 지 고작 10여 년 조금 지났을 뿐인데 우리 삶이 매우 많이 바뀌었습니다.

'스좀비'라는 말 들어보셨지요? 모두가 스마트 폰만 보고 있는 그로테스크한 장면을 비꼰 신조어입니다. 역사적으로 보아도 모든 진보된 문명은 더 편리함을 선사하지만, 그만큼 그늘도 짙게 드리워진다는 사실을 부정할 수 없습니다.

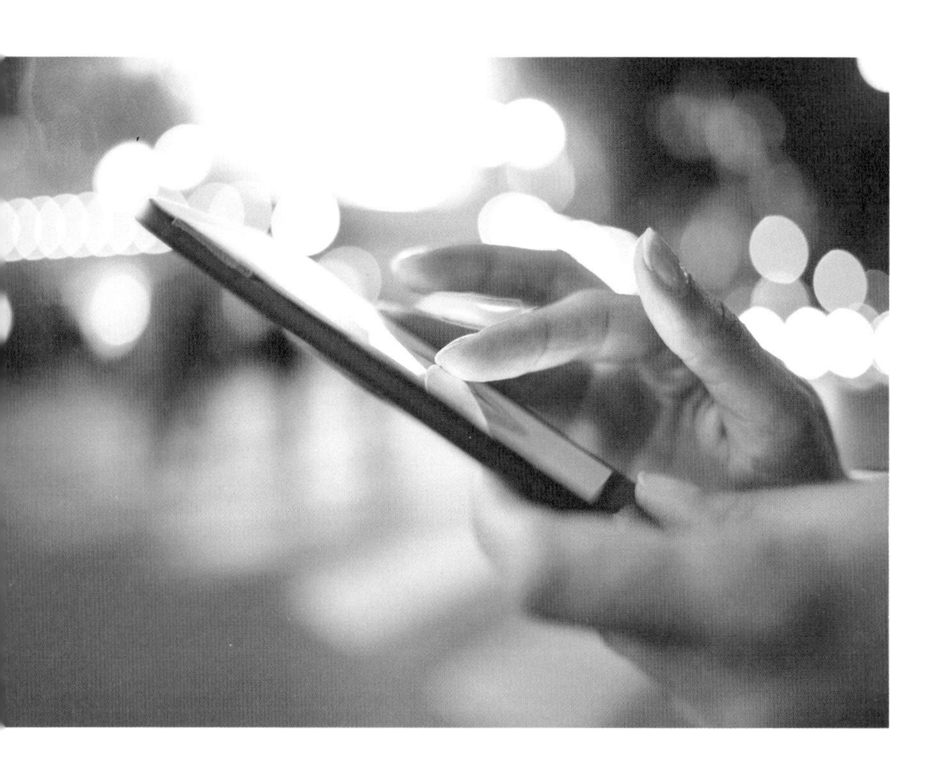

○

스마트 폰은 우리에게 편리성과 함께 엄청난 정보를 쏟아내 줍니다. 그런데 사실 지나치게 많은 정보 때문에 오히려 피곤합니다. 과거에는 공유할 수 있는 정보 자체가 적고 소수의 집단만 정보를 독점하였던 것이 문제였다면, 지금은 정말 중요한 정보는 여전히 숨겨진 채, 가짜 뉴스들이 넘쳐 난다는 더 심각한 문제가 생겼습니다. 이 때문에 얼마나 괴로운지 모릅니다. 이를 악의적으로 조장하는 일부 언론의 장악력은 손안의 인터넷 시대를 맞이하여 더 강력해졌지요.

무엇보다 스마트 폰은 소셜 네트워크 서비스, 즉 SNS라는 것을 유행시켰습니다. 이제는 우리와 떼려야 뗄 수 없는 일종의 구축된 문화입니다. 그런데 심심치 않게 일명 카페인(카카오 스토리, 페이스북, 인스타그램)이라 불리는 SNS의 폐해가 들려옵니다. 그럴 수밖에 없는 수순이지요. 건강한 개인주의를 배운 적 없는 우리는 이 관계망을 건강하고 새로운 관계 형성에 잘 활용하지 못합니다. 타인에게 자신이 어떻게 비칠지를 고민하며 겉치레하거나 나와 다른 모습을 보며 상대적 박탈감을 얻습니다. 심지어 타인에 대한 존중을 상실한 채, 이기심을 발현하는 '키보드 워리어들'의 전장으로 탈바꿈하였지요.

우리가 꼭 기억해야 할 점이 있습니다. SNS에 올라오는 게시물은 그의 현재 상태를 전혀 대변하지 못한다는 사실입니다. 이미 SNS는 사적 공간이 아닌 공적 공간이 되어 버렸고, 올린 게시물들을 통해 혹여나 자신이 부정적인 사람으로 비칠까 봐 한없이 미화시키기 때문입니다. 그러다 보면 어느새 '슬퍼요'가 '괜찮아요'로 바뀌는 것이지요. 고백하자면 이건 제 이야기이기도 합니다.

마음이 참 어려울 때 이 마음 상태를 SNS에 올려 누군가로부터 지지받고 위로받고 싶지만 포기할 때가 많습니다. 그러니까 지인이 가끔 올리는, 좋아 보이는 게시물이나 아무 일 없이 잘살고 있음을 암시하는 무소식을 곧이곧대로 믿지는 마십시오. 무관심해도 된다는 무언의 허락에 속아 서로의 관계가 좋다고 착각하는 것 같습니다. 실상은 병들고 있는데 말이죠. 목소리를 듣고 얼굴을 보고 말을 섞어야 관계가 생깁니다. 인간은 온라인이 담아낼 수 없는 영혼이 있는 존재이니까요.

C.S. 루이스는 「네 가지 사랑」(홍성사)에서 이렇게 말합니다. "모든 얽히는 관계를 피하십시오. 마음을 당신의 이기심이라는 작은 상자에만 넣어 안전하게 잠가 두십시오. 그러나 그 작은 상자 안에서도 그것은 변하고 말 것입니다. 부서지지는 않을 것입니다. 깨

뜨릴 수도 없고 뚫고 들어갈 수도 없을 것입니다. 그러나 구원받을 수 없는 상태가 되고 말 것입니다"

○

그 작은 폰 안의 텍스트를 통해서는 상대 말의 의미를 정확히 알 수 없음을 인정합시다. 표정과 억양 없이 진의를 읽어 내기란 여간 쉽지 않습니다. 우리 많이 해보지 않았습니까? 오히려 현재의 감정과는 전혀 관계없는 이모티콘을 통해 거짓 감정을 표출합니다. 정말 진지하게 대화하며 의견을 조정해야 하는 자리, 그 불편한 자리를 피하고자 먼저 카톡 선빵을 날리는 경우가 얼마나 많은지요. 꼭 불편한 이야기는 카톡에 남깁니다. 내가 원할 때 남겨 놓고 책임을 상대에게 미루는 것이지요.

근래에는 연인 간에 헤어질 때도 카톡 하나 남기고 끝내는 경우가 다반사라고 하니 좀 착잡합니다. 이런 것까지 새로운 문화로 받아들이기에는 좀 거시기 하지 않습니까? '사람 냄새'와 '감정'을 거둬들인 채 난립하는 메시지들, 상대에 대한 배려가 상실된 일방적 소통, 이것은 사람에 대한 존중과 소통의 상실이 만들어 낸 비극이지요.

그렇다고 SNS를 부정적으로만 보고 싶지는 않습니다. 문명의 이기들은 그 자체로 대부분 가치 중립적인 기술일 뿐입니다. 사용하는 이들이 잘못 활용할 때 혹은 활용하기 위한 기본 준비가 안 된 상태에서 몰입하게 될 때 문제가 생기는 것이지요.

어떤 면에서 SNS는 축복입니다. 피상적일 수는 있으나 내가 모르는 것, 나와 전혀 다른 맥락에서 사는 사람들의 모습과 생각들을 살펴볼 수 있으니까요. 매우 바쁜 이 시대를 살면서 그리스도인들이 비그리스도인들과 관계를 맺고 정보를 공유하기는 쉽지 않지만, SNS가 새로운 장이 될 수 있습니다. 저 같은 경우에는 전혀 다른 신학적 전통에서 공부하신 분들의 글이나 나름의 창의적 발상을 하시는 분들의 콘텐츠를 찾아봅니다. 정보 그 자체로도 유용할 뿐더러 저의 좁은 소견을 확인하여 사고의 확장이 이루어지는 기쁨을 맛보기도 합니다.

또한 가끔은 전혀 신앙적이지 않고 심지어 제 영성을 갉아먹을 수도 있겠다는 위협감을 느끼게 하는 콘텐츠도 많습니다. 하지만 많은 사람이 반응하고 좋아하는 콘텐츠들의 공통점을 통해 시대의 관심사를 파악하기도 하지요. 적절한 분별력을 가지고 접근한다면, 때로는 유해한 콘텐츠라고 분류되는 것들도 사람들의 요구와 관심사를 파악하는 데 유용할 수 있습니다. 과거 미디어에 대한 문화 논쟁처럼 악하게 보면 한없이 악한 것이 SNS이지만, 부정할 수 없는 이 시대의 문화라면 선용할 수 있는 방법에 대해 고민하는 것이 건강한 그리스도인의 자세일 것입니다.

○

물론 주의할 점이 있습니다. 유해한 콘텐츠에 대한 경계도 있지만, 무엇보다 SNS에 주로 공유되는 글과 관점이 주류라고 착각하면 안 된다는 것입니다. SNS를 안 하는 사람도 많고, 하더라도 적극적으로 의견을 개진하는 사람은 소수이기 때문이죠. 잘 활용하면 나와 반대되는 생각들을 경청하며 생각의 균형을 잡을 수 있으나 그 소수 의견을 다수 의견으로 여기면 오히려 자기를 더 협소하게 만들고 균형을 잃게 만듭니다. 또한 그리스도인들 가운데 기독교 콘텐츠를 활용하는 이들이 많은데, 이것으로 진지한 묵상을 대체해 버리는 우를 범하지 마십시오. 결국 우리는 말씀과 기도로 돌아가야 합니다.

'신경가소성'이라는 현상이 있습니다. 뇌 신경가소성이란, 뇌의 신경 경로가 외부의 자극, 경험, 학습에 의해 구조 기능적으로 변화하고 재조직화되는 현상을 말하지요. 즉 우리의 주된 습관과 경험이 우리의 지적 구조와 경향성을 만들어 냅니다. 우리는 스마트 폰을 활용하는 하나님의 형상이 되어야지 신경가소성에 짓이겨져 스좀비가 되어서는 안 됩니다.

SNS가 우리의 영성을 좌지우지하는 것이 아니라,
SNS를 통해 균형 잡힌 지혜를 얻게 되고
사회적 관계들이 새로이 생겨나서
삶의 지경이 넓어지는 역사가 있기를 바랍니다.

열심히 일한 당신,
떠나라!

예전에 좋은 기회가 되어 가족과 유럽 여행을 간 경험이 있습니다. 여러 곳을 다니며 참 많은 것을 보았습니다. 감사하고 귀한 시간이었지요. 많은 장면이 기억납니다. 그중에서 아직도 기억나는 장면은 특정 국가 상관없이 어느 지방을 가도 유럽에서는 집집마다 발코니에 화분을 놓는다는 점이었습니다.

또 인상 깊었던 일화가 있습니다. 이탈리아 '치비타'라는 곳에 갔을 때 들은 이야기입니다. 치비타는 깊은 골짜기로 둘러싸여 중간에 홀로 튀어나온 지대에 수백 채의 집만 있고 그곳으로 들어가는 길은 오직 외다리밖에 없는 절경의 장소입니다. 워낙 지형이 불안정하고 계속 깎여 내려가고 있어서 문화유산으로 지정하여 보존하고 있지만, 그 안에 살던 주민들은 이미 다른 곳으로 이사하고 지금은 수십 가구만이 거처하고 있다고 합니다. 그런데 누군가 이야기해 주더군요. 사람이 사는 집과 사람이 살지 않는 집을 구분할 수 있는 가장 간단한 방법이 하나 있는데, 다름 아닌 발코니에 꽃이 있는지 없는지를 확인하는 것이라고 합니다.

꽃의 유무가 사람의 유무와 연동된다? 충격이었습니다. 회색빛 도시, 담뱃갑 모양 아파트로 가득한 서울에서만 자라 온 제게 참 많은 상념을 안기더군요. 늘 콘크리트 바닥을 걸어 다니고 오히려 매연 섞인 공기가 자연스러운 도시 사람들. 주변을 아무리 둘러보아도 자연이 없습니다. 놀이터를 가도 흙이 아닌 우레탄을 밟아야 하는 환경이지요. 그나마 있는 인공적 환경조차 즐길 여유 없는 현실 아니, 한 시간도 가만히 관조하지 못하고 계속해서 스마트 폰을 들여다보는 우리네 모습에 실소를 자아냅니다. 어찌 되었든 풀 한 포기, 새 한 마리 쉬이 볼 수 없는 우리네 모습입니다.

○

항상 분주히 다니던 길을 천천히 걸어 보신 적이 있나요? 저도 주로 차나 대중교통을 이용하는데, 그렇게 자주 지나다니던 길인데도 전혀 알아채지 못했던 소소한 것들을 어느 날 걷다 보면 문득 알아차리게 됩니다. 천천히 바라보고 살펴보고 생각하기 때문이지요. 진정한 창조력과 깨달음은 무엇인가를 꾸준히 관찰하고 생각하는 능력에서 나옵니다. 그래서 현세대가 그 어떤 세대보다 지식은 많아도 지혜가 없는 게 아닐까요?

예수님의 주옥같은 가르침들을 묵상하다 보면, 그분이 얼마나 일상의 것들로 이야기를 잘 풀어 나가셨는지 금방 알아차릴 수 있습니다. 신적 지혜를 떠나 주변의 것들을 끊임없이 관조하고 묵상하는 자리가 있었기 때문에 그러실 수 있었습니다. 그것을 신학적으로 재단하시고 판단하시고 가르치신 것이 아닙니다.

저는 개인적으로 이 표현을 들을 때마다 뭉클함이 있습니다. "공중의 새를 보라 …… 들의 백합화가 어떻게 자라는가 생각하여 보라 ……"(마태복음 6장 26-28절). 그런데 더 이상 새가 보이지 않습니다. 들과 백합화가 보이지 않습니다. 우리의 눈과 귀를 막는 온갖 공해들로 가득하지요.

자연의 흐름, 일반 은총의 흐름과 괴리된 면모가 우리 주변에 가득합니다. 하나님이 우리에게 부어 주시는 은혜는 마치 사계절처럼 다양한 모습인데 예배당 안에만 머물며 하나의 계절로 획일화하는 것은 아닌지 돌아봅니다. 우리는 늘 '하나님의 뜻'을 갈구합니다. 그런데 하나님의 뜻이 없는 게 아니라 하나님의 뜻을 제한된 장소에서만 찾으려 하는 우리네 어리석음이 문제입니다.

○

어떤 이가 은혜로 충만해졌을 때 드러나는 양상 중 하나는 자연 만물을 누리며 감사하는 모습입니다. 갑자기 없던 감성이 충만해져서가 아닙니다. 그냥 일상에 대해 모든 것이 감사하게 여겨지는 것이죠. 내가 먹는 밥 한 끼, 마시는 물 한 잔도 감사합니다. 하나님이 천지를 창조하시고 좋았더라고 말씀하실 정도로 이 세상을 아름답게 만드셨기에 우리 역시 그것들을 보면 좋고 창조하신 것에 대해 감사합니다. 레너드 스윗은 「관계의 영성」(IVP)에서 이렇게 표현합니다. "하나님을 만날 때, 우리는 하나님의 세상을 만난다. 하나님은 우리에게 얼마나 놀라운 세상을 주셨던가!"

'일반 은총'을 통해 누리는 하나님 은혜의 양상은 반드시 회복되어야 합니다. '자연 신학'을 말함이 아닙니다. 다만, '창조 영성'의 흐름을 회복할 필요가 있지요. 거대 담론과 시스템, 그리고 교의적 합리성의 추구에만 몰입하는 것이 아니라 일상에 대한 묵상과 사색, 그리고 감사의 자리가 필요합니다. 내 주변을 둘러싼 모든 자연 만물의 주인 됨을 묵상하고 그 주인 되신 하나님께 감사하고 찬양하는 자리가 필요합니다.

'성경'으로 대표되는 '특별 은총'은 분명 기독교 신앙의 토대입니다. 이름대로 스페셜하지 않습니까? 그러나 이것에만 집중하는 것이 자발적인 것인지 아니면 비자발적으로 조성된 환경에 의한 것인지도 돌아볼 지혜가 필요합니다. 그리고 창조된 결과물들을 바라보며 주인 되신 하나님을 묵상하지 못하는 것은 비정상적 인간상을 자아낸다는 사실도 반드시 기억해야 합니다. 거대한 신앙고백도 필요하나 동시에 사소한 일상에서 주인 되신 하나님의 섭리를 느끼는 것도 필요합니다. 교회에서만이 아니라 세상 속에서도 하나님을 누리고 감사해야 합니다. 균형 있는 영성의 회복이 필요합니다.

코에 바람만 들어가도 해결될 일이 정말 많습니다. 눈에 도시의 회색빛이나 스마트 폰이 내뿜는 블루라이트가 아니라 총천연색 가시광선만 들어가도 해결될 일이 정말 많습니다. 귀에 새소리만 들려도 해결될 일이 정말 많습니다. 인간은 특별한 존재입니다. 그러나 자연만물 역시 창조된 그 자체로 '특별함'을 지닌 존재입니다.

우리 같이 하나님께서 창조하신

창조물들과의 공명을 통해

안식을 누려 보는 것은 어떨까요?

6

'내 인생, 지금 이대로 괜찮은 걸까?'

누군가 존 스토트 목사님께 물었습니다.
"제 삶을 향한 하나님의 뜻을 어떻게 분별할 수 있습니까?"
그러자 이렇게 대답하셨습니다.
"그것이 무엇이든 당신의 재능을
가장 많이 활용할 수 있는 분야를 찾아가십시오."
영국 신사답게 굉장히 매너 있게 표현하셨지만,
결국 이 말 아닙니까?
"짱구 좀 그만 굴리고 제발 나가서 너 하고 싶은 거 해!"

사람은
고쳐 쓰는 것이 아니다

제가 다닌 신학교는 눈을 들어 둘러보면 보이는 것은 산뿐이고 강제적 수도 생활을 하게 만드는 청정 지역에 있었습니다. 그런데 이 신학교에는 대대로 내려오는 전설이 있으니 여기만 오면 여학우들이 그렇게 예뻐 보인다는 것입니다. 학기가 시작되고 게다가 꽃피는 봄이 오면 아직 미혼이거나 짝 없는 남학생들은 정신을 못 차립니다. 소수인 여학우들을 쟁취하기 위해 수많은 남학생이 눈치 싸움을 시작하지요. 정작 당사자는 관심도 없는데 가끔 자기들끼리 싸우는 사태가 발생하기도 합니다.

근엄하던 전도사님들이 학교에만 오면 날 것 그대로의 자연인들로 변합니다. 나도 전도사고 너도 전도사이기 때문에 신앙의 힘으로 굴복시킬 수도 없습니다. 그런데 모든 것을 한 칼에 정리하는 전설의 용자들이 꼭 등장합니다. "하나님이 간밤에 꿈으로 보여주셨어요! 당신이 제 짝입니다."

상사병을 하나님의 뜻으로 정리하는 위대한 자들이지요. 그런데 황당하게도 그러한 구애로 결혼에 이른 커플이 있다는 믿지 못할 이야기도 들려옵니다. 우리 주변에도 꽤 있습니다. 신앙 좋다는 용자들의 연애담을 들어보면 가관입니다. 그런데 까놓고 보면 만날 때는 얼굴 보고 자기 맘대로 만나 놓고 헤어질 땐 기도해 봤는데 하나님의 뜻이 아니라며 헤어지는 어마 무시한 사건들이 비일비재합니다.

○

성품 좋은 사람을 만나 결혼하는 것도 참으로 어려운데 신앙까지 본다는 것이 사실 쉽지 않습니다. 물론 고를 수 있을 만한 넉넉한 조건과 배포가 있다면야 뭐가 걱정이겠습니까! 그런데 우리 모두 재벌집 아들딸도 아니요, 박보검, 수지가 아니라는 게 문제이지요. 굉장히 겸손한 통장 잔액, 정말 있을 게 그 자리에 딱 있기만 한 몽타주……, 그래서 이 사단들이 발생합니다. 그래서 의문을 갖게 됩니다. '과연 결혼을 할 수 있기는 한 것인가?' 신앙적으로 작아지기도 하고 세상을 태워 없애 버릴 정도로 기도했는데 응답하지 않으시는 하나님이 야속하기도 합니다.

그런데 그보다 더 심각한 우리네 중대한 결함에 대해 말하고 싶습니다. 운명적인 만남에 대한 로망이 그 정체입니다. 로맨틱 지상주의가 성경적 가치관을 압도합니다. 자기 주변에 있는 사람을 신앙 안에서 잘 만나 행복하게 살아가는 이들의 이야기보다 텔레비전 드라마와 연애 소설 같은 자극적인 이야기들이 우리를 더 많이 지배합니다. 그래서 이 로망과 하나님 신앙이 결합할 때 무시무시한 파괴력을 선보이게 됩니다. 즉 하나님이 점지해 준 운명적인 사람과 만나기를 고대하지요.

기도합니다. 기다립니다. 그러다 안 되면요? 맞춰갑니다. 우리 모두 이미 자신만의 이상형과 조건을 가지고 있기에 거기에 하나님의 뜻을 맞추려 하는 것입니다. 이게 얼마나 무섭냐면, 여자가 예쁘면 성질을 내도 매력적인 것 같습니다. 남자가 스펙이 좋으면 나쁜 남자도 왕자님 같습니다. 결국 내가 원하는 사람에게 어떻게든 와꾸를 맞추어 넣지요. 그리고 그런 내 반쪽을 사회가 정해 놓은, 혹은 내가 정한 그 결혼 적령기에 꼭 만날 것이라고 생각합니다.

○

그러나 하나님이 정해 주신 내 반쪽이 있다는 믿음은 오해입니다. 성경에서 가장 낭만적으로 그려지는 창세기 24장의 이삭과 리브가의 조우 사건을 보십시오. 마치 점지된 짝이 있는 것처럼 보이지만, 유심히 들여다보면 조건에 합한다는 가정하에 택할 자유가 주어졌음을 알 수 있습니다. 즉 만남과 결혼은 주 안에서 충분히 자유가 허용되는 영역입니다.

하나님의 주권은 폭력적이지 않습니다. 이미 지정된 짝을 강제하시는 것이 아니라 우리의 선택을 존중하십니다. 즉 하나님이 바라시는 이성은 결코 지정된 한 사람이 아닐 수 있습니다. 하나님의 관심은 우리가 어떤 가치관을 가지고 만나 어떻게 이루어 가느냐에 있습니다. 평생 함께 지내고 싶은 그 한 사람을 찾아 주시는 게 아니라는 사실을 꼭 기억하십시오.

사실 이렇게 된 데는 우리의 게으름을 탓하지 않을 수 없습니다. 많은 이가 적합한 배우자를 찾아내고 확인하는 고된 작업을 원하지 않습니다. 단지 '바로 이 사람이다'라는 신비로운 감정적 표징을 기대할 뿐이지요. 편한 길로 질러가려고 이 고된 작업을 하나님께 던져 놓습니다. 그러나 하나님이 알아서 내 품에 안겨 주실 거라는 생각은 신앙적인 것 같으나 영적 게으름이자 나태함입니다. 복된 소식을 가장한 숙명론입니다. 눈에 쌍심지를 켜고 열심히 찾아나서십시오. 입 벌리고 감 떨어지길 기다리다가 눈탱이에 맞는 수가 있습니다.

○

신앙 있는 배우자를 만나시길 바랍니다. 신앙적 의미도 있지만, 가능하다면 믿는 이를 만나는 것이 여러모로 정신 건강에 이롭습니다. 그러나 그것을 절대화하지는 마십시오. 혈족이 곧 신앙을 결정하던 시대와는 다릅니다. 진짜 하고 싶은 말은 성품 좋은 배우자를 만나시라는 겁니다. 이것 역시 신앙적입니다.

이삭과 리브가를 이으며 종이 구했던 조건은 '아브라함의 혈족' 그리고 '환대의 성품'입니다. 환대할 줄 알고 상대방을 존중할 줄 아는 사람을 만나십시오. 비록 종교가 달라도 그런 사람이라면 완고한 종교적 근본주의자보다 여러분을 더 행복하게 할 것입니다. 여러분의 신앙이 확고하다면 믿음이 없는 상대에게 충분히 하나님을 전할 수 있습니다.

성품은 정말 기적 이외에 답이 없습니다. 바뀔 것을 믿고 결혼하는 우를 범하지 마십시오. 차라리 신밧드의 모험이 더 쉽습니다. 그런 믿음은 목사들에게도 없습니다. 사람은 절대 고쳐 쓰는 것이 아닙니다. 다음 말을 꼭 기억하십시오.

"행복한 결혼은
이생에서 천국에 가장 가까운 삶이지만,
불행한 결혼은 풍요로운 사회에서
지옥에 가장 가까운 삶이다."

남녀 사이는
하나님도 못 말리신다

할리우드 영화나 미국 드라마를 보다 보면 꼭 나오는 장면이 있습니다. 술집에서 우연히 눈 맞은 남녀가 서로 술잔을 기울입니다. 다음 날 아침, 알람이 울리고 침대에서 일어난 한 사람이 옷을 주섬주섬 챙겨 입으며 서둘러 나가려 합니다. 이때 부스스 깨어난 다른 이가 묻습니다. "당신 이름은 뭐예요?" 가는 이가 대답합니다. "알 필요 없어요. 인연이 있으면 또 만나겠지요!"

원나이트 스탠드 장면입니다. 처음엔 좀 불편했는데 이제는 아무렇지도 않습니다. 이러한 미디어 장면에 익숙해졌기 때문이기도 하지만, 이미 젊은 층에서는 일반화된 문화이기 때문입니다.

○

이제 젊은이들은 강렬한 사랑을 떠올릴 때, 정신적 사랑이 아닌 육체적 관계를 떠올립니다. 이를 당연하게 여깁니다. 그래서 고민하는 기독교인 젊은이가 꽤 많습니다. 우선 만혼이 만연하다는 것도 한몫합니다. 옛날에는 빨리빨리 해치워 버리니 문제가 안 됐는데 말이지요. 더욱이 그리스도인으로서 살아가는 데 가장 큰 문제는 다름 아닌 성 담론에 대해 지독히도 폐쇄적인 한국교회 문화입니다. 이를 담아낼 의지가 없고 소화할 능력도 없어 보입니다. 이 주제만 나오면 갑자기 한복 입고 등장하지요. 그냥 유교입니다.

이런 질문 참 많이 합니다. "미혼 남녀 사이에 스킨십은 어디까지 가능할까요?" 사실 이런 것을 논하는 것 자체가 바보짓 같습니다. 기준을 준다 한들 과연 얼마나 지킬까요? 손잡지 말라고 하면 저 같은 천재적인 잔머리의 소유자들은 여기서 말하는 손이란 오른손을 말하는 것이라며 왼손을 잡을 것입니다. 아니면 손목을 잡겠지요. 할 놈은 어떻게든 다 하고 안 할 놈은 누가 안 봐도 안 합니다. 행위에 대한 수칙이 이 문제를 해결하지 않습니다. 결국 마음의 문제, 즉 상대를 어떤 존재로 보느냐에 달렸지요. 무엇보다 과연 남녀 간의 사랑이 무엇인지에 대한 고민이 필요합니다.

성욕은 부정하거나 악한 것이 아닙니다. 타락으로 인해 생겨난 부산물이 아니라 본래 인간에게 존재하는 욕구입니다. 비틀어진 것이 문제지 절대 욕구 자체가 문제는 아닙니다. 자연스러운 것입니다. 또한 성욕은 현실입니다. 그런데 이를 무시하고 쉬쉬하다 보면 결국 사고가 터집니다.

가끔 교회 안에서 사귀다 헤어지는 커플들이 있습니다. 보통은 둘 중 하나가 교회를 떠나지요. 헤어진 뒤 어색해서이기도 하지만 사실 많은 부분 성관계에 대한 추억 때문일 것입니다. 그리고 연애 감정에 불탈 때는 몰랐던 신앙적 정죄감이 물밀 듯이 밀려오기도 하지요. 아마 주로 여성들이 그러할 것입니다.

게다가 어느 교회나 난봉꾼들이 꼭 있더군요. 사회에서는 개뿔도 안 되는 것들이 교회 내 불균형 성비를 교묘하게 이용합니다. 그리고 교회라서 더욱 말 못 하는 문화를 교묘하게 이용합니다. 엄중히 경고합니다. 그 여인들에게 진심으로 사과하지 않는다면, 네 인생은 이미 조졌습니다. 성적으로, 그리고 종교적으로 이중의 압제를 가한 당신은 소돔과 고모라의 지명 타자입니다. 그래서 가장 더러운 게 목회자의 성폭행입니다. 한 영혼을 전방위적으로 압살하는 것이기 때문입니다.

○

유교적 그리스도교의 관점을 털어내고 성경으로 돌아가야 합니다. 성경이 혼전 성관계에 대해 뭐라고 합니까? 조금 멀리 거슬러 올라가 보면 출애굽기에 이에 관해 언급한 계명이 있습니다. "사람이 약혼하지 아니한 처녀를 꾀어 동침하였으면 납폐금을 주고 아내로 삼을 것이요"(출애굽기 22장 16절).

현시대의 관점으로 볼 때 이 명령은 고루해 보이거나 오히려 여성의 성을 돈으로 사는 것 아니냐는 질문으로 이어질 수 있습니다. 그러나 이 법을 받았던 사람들에게는 분명히 전혀 다른 의미로 다가왔을 것입니다. 이 명령은 여성의 성을 소유물로 여기며 겁탈하는 것이 일상화된 시대에 이를 방지하고자 한 법입니다. 혹여나 그러한 일이 발생했을 경우에 서로 미혼이라면 혼인과 경제적 공여를 통해 반드시 책임을 지라는 의미입니다. 남성 본위적 시대에 파격적인 성 담론이지요.

우선 문자적으로 볼 때, 혼전 성관계 자체가 대역 죄인으로 매도될 이유는 없어 보입니다. 그러나 이 말씀이 제 귀에는 '그러니 네 맘대로 해도 된다'가 아니라 시대를 불문하고 여성을 하나님의 형상으로서 동등한 존재로 여기고 함부로 대하지 말라는 의미

JUST
MARRIED

로 들립니다. 그리고 조금 더 확대해서 보면, 성경이 남녀 간의 관계에서 가장 강조하는 것은 우리네 현실처럼 불타는 사랑의 감정이 아니라 소극적으로는 상대에 대한 '책임', 그리고 적극적으로는 '희생'이라는 가치임을 알 수 있습니다. 즉 남녀 간의 사랑에 대한 정의가 다른 것이지요. 그 때문에 이 본문 역시 누구나 실수할 수 있는 혼전 성관계가 아니라 그다음 단계인 '책임'에 더 방점을 찍고 있습니다.

○

그런 의미에서 '결혼식'을 소환해 봅니다. 결혼식은 잔치 이전에 책임 예식입니다. 약속의 증언자들인 하객들 앞에서 이 사람과 평생 함께하겠다고 언약합니다. 특별히 그리스도인들은 둘이 한 몸을 이루었음을 하나님 앞에 서로 언약합니다. 그리고 성경에서 말하는 언약은 목숨 줄이 달릴 만큼 그 무게가 엄중한 것입니다. 그 언약의 징표가 혼인 신고이고 이를 통해 서로 법적 책임을 공유합니다. 자고로 도장을 찍어야 구속력이 생기니까요. 좋은 의미의 '책임'이 생기는 것입니다.

이처럼 서로에 대한 온전한 책임이 대내외적으로 약속된 후 성적 관계를 맺는 것이 정상적으로 보입니다. 최근 혼전 관계가 없는 이들이 결혼 후의 행복도가 더 높다는 사회심리학자들의 연구 발표는 이 성경의 가르침이 낡고 고루한 것이 아니라 옳은 것임을 확인해 줍니다.

누군가와 성관계를 통해 얻은 쾌락은 반드시 그 심신에 각인됩니다. 새로운 사람을 만나더라도 이전의 그 경험이 절대 사라지지 않습니다. 가끔 중독처럼 이 사람 저 사람 만나며 쉬이 성관계를 갖는 이들이 있습니다. 자기는 진심이라고 하지만 그 수렁에서 헤어 나오기가 얼마나 어려운지 모릅니다. 사랑에 대한 갈망은 있으나 채워지지 않으니 시간과 에너지를 거기에 계속 소진하는 것이지요. 이성을 성적 소유물로 여기는 데 침잠되었기 때문입니다.

물론 앞에서도 말했듯이 이런 가르침이 있다고 뭐가 바뀌겠습니까? 결국 자기 하고 싶은 대로 살아가는 게 우리네 인생인데요. 기억하십시오. 제가 지어낸 명언입니다. "남녀 사이는 하나님도 못 말립니다." 주변에 있지 않습니까? 그렇게 욕하다가도 내일 또 만납니다. 심지어 데이트 폭력이 있는데도 계속 만나는 경우도 있습니다. 남녀 사이에 에로스적 감정이 폭발할 때, 그 순간만큼은 분명 하나님이 그 자리에 없는 것처럼 느껴집니다.

○

그러나 「하나님의 모략」(복있는사람)에서 달라스 윌라드가 남긴 말에 귀를 기울여 봅시다. “예수님의 제자로 사는 사람들 안에는 예수님의 임재와 행동이 빠진 관계란 존재할 수 없다. ‘일대일’ 관계란 없다. 모든 관계는 예수님을 통해 중재된다. 나는 너와 함께, 너에게, 너를 위해 해줄 일을 생각할 수 없다. 우리(예수님과 나)가 너와 함께, 너에게, 너를 위해 해줄 일을 생각할 뿐이다.”

그래서 현실적인 조언을 드립니다. 특별히 여성들께 드리고 싶습니다. 남자와 여자는 분명히 성적 욕구와 성적 취향에 차이가 있습니다. 여성은 사람마다 성적 욕구의 차이가 크겠지만, 남자는 거의 두말할 나위 없이 동물적 느낌의 성적 욕구를 가지고 있습니다. 순하게 생겼어도 짐승입니다. 그러니 제발 남자들의 “오빠 믿지?”라는 개풀 뜯어먹는 소리에 넘어가지 마십시오. 성적 자기 결정권을 함부로 넘기지 마십시오.

남녀 관계에 있어 신체적, 정서적, 신앙적 의미의 모든 성적 후유증은 대부분 여자가 짊어집니다. 흔적이 남지요. 하나님은 온전히 믿지 못하면서 오빠들 말은 왜 그렇게 잘 믿습니까? 그 말 믿었다가 조진 인생들 부지기수입니다. 때로 성관계 요구에 응하지 않으면 헤어질 것 같다며 넘어가는 분이 많습니다. 실제로 상대방이 그런 요구를 하기도 합니다. 그런데 헤어짐을 무기로 위협하고 요구한다면 이미 당신은 물건 취급받는 것입니다. 너만 왜 유별나냐고 말한다면, 그것 자체가 당신에 대한 존중이 없다는 것입니다. 상대를 존중하고 싶어 하는 의지보다 어떻게든 본능적 욕구를 해소하려는 데 더 몰입하는 인생들을 결단코 믿지 마십시오.

그리고 이미 실수했다고 너무 큰 죄책감 속에서 살아가지는 마십시오. 심지어 혼전이 아니라 결혼 후 간음하다 잡힌 여인마저 정죄하지 않으신 분이 우리 주님입니다. 다만, 다시는 범하지 말라 하셨을 뿐이지요. 관계의 단절과 신앙적 수치심이라는 이중적 피해를 안고 살아가는 것은 너무 잔인합니다. 그리고 만약 이미 일이 진행되었다면 서로 책임의 자리를 물리지 마십시오. 사실 신앙 안에서 더 중요한 것은 혼전 순결보다는 언약에 기반한 '혼후 순결'이라고 생각합니다.

또한 남의 성적 관계에 지나친 관심을 두지 마십시오. 사실 이 문제는 남의 육신이나 남의 심령을 피폐하게 하는 게 아닌데 왜 그렇게 관심이 많으십니까? 아마 그런 분들이 성욕이 더 강할 수도 있습니다. '늦게 배운 도둑질에 밤새는 줄 모른다'라는 말이 딱 맞지요. 그렇게 정죄하며 영적 고결성을 외치던 인간들이 나중에 한 방에 훅 가는 모습을 많이 봤습니다. 이 문제를 다른 죄보다 더 크게 부풀리는 것은 지극히 유교적입니다.

제 말이 면죄부로 들리지는 않았으면 합니다. 혼전 성관계에 관한 법이 주어졌던 출애굽 시대의 '출애굽'이란 말은 이집트 땅으로부터의 탈출만을 의미하지 않습니다. 당대를 지배하던 이집트식 문화로부터의 탈출이자, 세상적 가치로부터의 탈출이며 동시에 하나님 나라로의 입성을 의미합니다. 그래서 왕을 세우고 법을 세우고 문화를 만드는 것이지요. 이를 위해 주어진 법은 모든 면에 있어 그들이 탈출한 이집트와 대조적입니다. 그런 면에서 출애굽기와 신명기의 혼전 성관계에 대한 말씀은 이집트나 고대 근동의 문화 맥락과는 전혀 다르게 성적 자기 결정권을 강조하고 당대의 문화 속에 결여된 '책임'이라는 가치를 정확히 짚어내고 대조시킨 계율이었습니다. 한국 땅에 복음이 처음 들어왔을 때, 교회가 음성적인 축첩 제도를 폐지하는 데 앞장선 것과 같은 맥락입니다.

○

남녀 사이는 하나님도 못 말리시는 것 같지만, 하나님의 관심은 우리가 창조되었을 때의 그 온전한 성적 자기 소유권을 잃지 않는 것에 있습니다. 그리고 나와 같이 하나님의 형상대로 지음 받은 이성을 존중하길 원하십니다. '결혼'이라는 지점을 통해 영육 간에 서로 하나 됨의 신비를 기대하십니다. 우리가 행복하길 원하는 하나님의 관심이 느껴지지 않으십니까? 그런데 혼전 관계, 그것도 지속적인 파트너 체인지는 부지불식간에 불행의 씨앗을 심어 버립니다. 누군가를 진심으로 사랑하기 어렵고 평생 복기됩니다.

결혼에 대해 이렇게 말하고 싶습니다. 스킨십의 정도를 한 축으로 하고 상대에 대한 사랑과 책임을 한 축으로 하여 서로 저 멀리서부터 거리를 좁혀 오다가 최종적으로 만나는 지점이 바로 결혼이 되는 것입니다. 구태의연한 이야기 같지만 결국 남녀 간 스킨십의 최종 지점인 성적 연합의 포인트가 결혼이 되는 게 가장 성경적입니다. 하나님은 남녀가 진정으로 서로 존재 대 존재로 사랑하며 그 안에서 기쁨을 누리길 원하십니다. 욕구가 아닌 사랑에 의해서 만날 때, 서로를 진정한 소울 메이트로 바라볼 수 있습니다.

주 안에서 사랑으로 맺어진 진정한 반쪽은
세상이 줄 수 있는 그 어떤 기쁨,
순간적인 성적 쾌락보다
더 강렬하고 지속적인 기쁨을 선사합니다.

하나님은 네가 뭘 선택하든 별로 관심 없으시다

어느 날 한 친구가 저에게 묻습니다. 목사 친구는 저밖에 없어서 그런지 저한테 자신의 진로 고민을 털어놓더군요. "본래 하고 싶었던 공부를 더 할까, 아니면 평소 하고 싶었던 아이템으로 작은 가게를 하나 차려 볼까? 아니면 그냥 집에서 남편 내조만 할까?" 결국 하나님의 뜻이 어디 있는지를 묻는 것이었습니다. 제가 아는 한 그 친구는 머리가 좋아서 공부를 해도 잘할 것이고 일머리와 근성도 있는 친구라 사업을 해도 괜찮을 것 같습니다. 그런데 마음에 성령의 감동이 임하사 이렇게 대답했지요. "하나님은 네가 뭘 선택하든 별로 관심 없으셔."

성령의 감동은 함부로 입 밖으로 내뱉는 게 아닙니다. 정말 그 친구에게 뒤지게 맞을 뻔했습니다. 오해하지 마십시오. 하나님은 당연히 우리에게 관심 있으십니다. 하지만 하나님의 최종 관심은 내가 무엇을 하느냐에 있지 않고 바로 '나' 자체에 있으시지요. 나의 전 인격과 전 인생입니다. 때론 세세한 것에 별로 관심 없으신 듯 보이기도 합니다. 내가 원하는 것에 거의 응답을 안 하시는 듯한 분위기가 바로 그 증거입니다. 물론 우리는 자주 낙담하지요. 아니요, 그래서는 안 됩니다. 하나님은 분명 우리를 위한 원대한 계획과 관심, 그리고 사랑을 품고 계십니다.

○

하지만 이 세상은 전혀 다른 시각으로 조망합니다. 순간의 결과와 선택 한 방에 결정되는 일이 많습니다. 인생을 긴 호흡으로 돌아보고 한 사람의 인생을 차분히 듣고 녹아들기보다는 남의 이야기로 쉽게 판단합니다. 심지어 종이 쪼가리 하나로 한 사람의 인생을 너무 쉽게 재단하고 판단하기도 하지요. 그래서 많은 젊은이가 인생의 방향에 대해 진지하게 고민하고 경험하기보다는 그 종이 쪼가리에 올라갈 점수를 올리기 위해 목을 맵니다.

젊은이들은 하고 싶은 것을 선택하지 못하고 원치도 않는 상황을 강요받습니다. 더욱이 그 책임을 오롯이 져야 하는 상황에 놓이기도 하지요. 그래서 늘 하고 싶은 것을 포기하고 원치 않는 길로 갑니다. 이렇게 사는 자신의 모습이 처음에는 불편하다가 다들 그렇게 사는 것 같아서 이내 순응하고, 정작 중요하지도 않은 것들에 집착합니다. 무서움만 남게 되는 거죠. 그리고 이제는 정말 하고 싶은 게 뭔지도 잘 모르게 됩니다.

교회는 뭐 다른가요? 현재 기준으로 성공한 삶을 사는 신앙인의 간증집은 신앙의 도모가 아니라 신앙의 실패를 불러옵니다. 그런 미담과 성공담이 없는 평범한 성도들은 움츠러들 수밖에 없습니다. 그래서 하나님의 뜻을 묻는 그리스도인들에게조차 무엇을 선택하느냐에 따라 하나님이 내 앞날의 인생을 결정지을 것이라는 두려움이 상존합니다. 그래서 옳은 길을 걷기보다는 실패하지 않기 위한 길을 선택하려고 합니다. 과연 그것이 복음입니까?

십자가로 끌려가시기 전, 예수님께서는 마지막 유언처럼 제자들을 위한 기도를 남기십니다. 이 기도 가운데 우리 마음을 절절히 울리는 구절이 있습니다. "내가 비옵는 것은 …… 다만 악에 빠지지 않게 보전하시기를 위함이니이다"(요한복음 17장 15절). 예수님이 간절히 기도하신 것은 아버지 하나님께서 제자들을 보전해 달라는 간구였습니다. 당시의 열두 제자에게만 귀속되는 기도가 아닙니다. 세상에 남겨져 세상을 살아가야 할 아니, 살아 내야 할 제자들을 향한 간구이지요. 바로 이것, 하나님 자녀 됨에 대한 보전이 우리 주님의 가장 강력한 뜻입니다.

○

복음은 철저히 하나님에 관한, 그리고 그분의 일하심에 관한 것입니다. 나의 선택과 노력에 관계없이 나를 찐하게 사랑하시는, 그리고 보전하기 원하시는 하나님의 뜻이 녹아든 것입니다. 이처럼 나 자체에 집중된 하나님의 관심과 사랑을 깨닫는다면, 자신의 선택에 책임을 져야만 하는 이 세상에서 굉장히 큰 위로가 될 것입니다. 그리고 '하나님의 뜻이 아니면 어떻게 하지?'라는 징벌적 두려움에서 벗어나 하나님께 죄 짓는 일이 아니라면 어떤 선택을 하더라도 나에 대한 관심을 거두지 않으시고 보전하실 거라는 확신이 생길 것입니다. 나아가 '내가 어떻게 하나님께 영광을 돌릴 수 있을까?'라는 적극적인 질문도 던질 수 있지요. 또한 다름의 길을 갈 배짱이 생깁니다. 예수님께서 나를 보전하시기에 그러합니다.

폴 트루니에는 「모험으로 사는 인생」(IVP)에서 이렇게 말합니다. "모험적인 삶은 두려움이 없는 삶이 아니라 오히려 각종 두려움을 충분히 인지하는 가운데 영위되는 삶이다. 모험적인 삶은 두려움에도 불구하고 앞으로 나아가는 삶이다." 몹시 두렵지만, 나를 보전하시는 예수님의 사랑이 나로 하여금 모험하게 합니다.

누군가 존 스토트 목사님께 물었습니다. "제 삶을 향한 하나님의 뜻을 어떻게 분별할 수 있습니까?" 그러자 이렇게 대답하셨습니다. "그것이 무엇이든 당신의 재능을 가장 많이 활용할 수 있는 분야를 찾아가십시오." 영국 신사답게 굉장히 매너 있게 표현하셨지만, 결국 이 말 아닙니까? "짱구 좀 그만 굴리고 제발 나가서 너 하고 싶은 거 해!" 맞습니다. 말끝마다 하나님의 뜻을 찾는 이들이 오히려 명백한 하나님의 뜻을 경시하는 경우도 많습니다. 상식선에서 해결할 문제를 무조건 신앙의 영역으로 끌고 와 자기를 두 번 죽여 놓지요. 반복되는 실망으로 우리를 보전하고자 원하시는 주님에게서 스스로 떠나는 지경에 이릅니다.

알 수 없는 것을 알려고 하는 것은 지혜롭지 못합니다. 알 수 있는 것에 집중하십시오. 우리가 알 수 있는 가장 확실한 사실은 나를 향한 하나님의 가장 큰 관심은 지금 내가 선택하는 그것이 아니라 '나' 자체라는 것입니다. '나'를 보전하기를 간절히 원하십니다. 그리스도인들이여, '종교 새가슴 증후군'에서 탈출하여 그분의 사랑과 보호하심에 온전히 몸을 맡기십시오.

충분한 숙고와 지혜의 기반 위에

제발 이제는 모양 빠지게 지지리 궁상떨지 말고

그냥 하고 싶은 것 좀 하고 살기 바랍니다.

당신은 하나님의 자부심입니다

군목 생활을 하며 가장 징글징글했던 업무를 꼽자면 상담입니다. 그런데 저는 감히 '군 상담 무용론'을 펼치고 싶습니다. 이게 참으로 웃긴 것이 백날 상담해도 소용없습니다. '전역' 한 방이면 모든 게 치유되는 기적이 펼쳐지니까요. 맞습니다. 간부 지망생을 제외하고 대부분은 군대 '가기 싫다!'는 생각으로 충만합니다. 그리고 제 발로 가는 게 아니라 끌려가는 구조이기에 대부분 돌아가야 할 곳을 항상 고대합니다.

이 간극이 정서적, 정신적 문제를 자아내고, 나아가 이처럼 돌아갈 곳에 대한 향수가 강할수록 군대에 잘 적응하지 못합니다. 심한 경우 '상병'이 되어도 적응하지 못하더군요. 이처럼 그곳이 싫은 인생들을 기어코 적응하게끔 만들려는 이 눈물겨운 분투가 짠하기만 합니다. 그런데 재미있는 사실을 하나 발견했습니다. 밖에서 신앙 좋다고 소문난 친구들이 유달리 더 적응하지 못하더군요. 군대 문화가 너무 악해서일까요? 그건 옛날이야기입니다. 여러 이유가 있겠지만, 교회 문화와 군대 문화의 간극이 너무 크기 때문이죠.

많은 사랑과 인정으로 채워진 교회는 통제와 보상의 구도로 일관된 군대 문화와 달라도 너무 다릅니다. 그래서 교회로 돌아가고자 하는 열망이 커지다 보니 오히려 더 적응하지 못하는 악순환에 빠집니다. 이러한 생각을 노골적으로 표현하면 '군대에는 하나님이 없다'로 귀결되지요. 끌려온 곳이고 빨리 나가야 할 곳일 뿐입니다. 그런데 과연 하나님은 위병소조차 통과하지 못하는 분인가요? 아니죠. 분명 그곳에도 하나님은 계십니다.

○

처음으로 맞닥뜨린 야생의 현장에서 신앙적 주체로 서는 것이 녹록지만은 않습니다. 그러나 단순히 첫 경험의 문제만은 아닙니다. 핵심은 '끌려온다'는 생각입니다. 그리고 바로 이 포인트가 한국형 신앙의 맹점을 결정적으로 증언합니다. 유달리 성과 속, 교회와 세상을 구분하는 우리네 신앙에 도대체 '소명'이라는 개념이 자리 잡을 여지가 없어 보입니다. 예수님께서 아무리 "예루살렘과 온 유대와 사마리아와 땅 끝까지 이르러 내 증인이 되리라"고 명령하셨을지라도 그곳을 악으로 규정하면 절대로 그곳에 가지 못합니다. 마치 베드로가 하나님이 먹으라 하시는데도 부정하다 규정된 음식들을 거부한 사건(사도행전 10장)처럼 말입니다.

발상의 전환이 필요합니다. 하나님은 분명 군대에도 계시고 오히려 거기에 '제대로' 머물기를 원하십니다. 억지로 끌려오는 곳이 아니라 하나님이 보내신 곳이라는 확신을 가지면 같은 자리에서 전혀 다른 면모를 발휘하게 됩니다. 하지만 이런 경우를 거의 보지 못했습니다. 오히려 군대에 와서까지 어떻게 하면 부대에서 빠져나와 예배당으로 피할 수 있을까만 생각하더군요. 정말 안타깝습니다.

그렇게 부름 받은 수많은 '증언자'가 스스로 정체성을 박탈한 채 기회를 잃고 떠나갑니다. 자신들이 그곳에 있는 것은 '조국의 부름'이 아니라 '하나님의 부르심'이라는 생각에 이르지 못합니다. 이처럼 '끌려옴'이라는 생각에 '목적'은 까마득해지고 그저 생존과 도피만 남을 뿐입니다. 달라스 윌라드는 「하나님의 모략」(복있는사람)에서 이렇게 말합니다. "예수님의 제자란 내 일을 하되 그분이 하

시는 것처럼 하는 법을 그분으로부터 배우는 것이다. 신약에는 이 것이 예수님의 '이름으로' 한다고 표현돼 있다."

○

'소명(召命)', 즉 영어로 'Calling'은 그 뜻대로 신의 부름을 의미합니다. 이 신적 '부르심'에는 분명 '목적'이 담겨 있습니다. 아내가 저를 부르면 사랑스러워서 불렀다고 착각해서는 안 됩니다. "청소기 돌려 주세요! 아들 똥 기저귀 치워 주세요!"라는 목적이 듬뿍 담겨 있습니다. 간만에 부모님이 전화로 나를 부르시면 보고 싶다는 뜻이고, 애들이 나를 부르면 돈 달라는 소리입니다. 다 목적이 있습니다.

따라서 그 자리로 부르신 목적에 대한 성찰 없이 단지 천국으로 불러 달라고만 하는 것은 이상합니다. 즉 소명은 부름 받았다는 사실 그 자체로 국한되지 않고 목적을 주어 보냄 받는다는 데까지 이르러야 온전해집니다. 성경적 의미의 부르심은 대부분 '세상을 향한 복이 되는 것', '증언자 됨'으로 이어지지요.

물론 쉽지 않습니다. 생존의 자리에 있는 이들에게 강요할 수는 없습니다. 심지어 대놓고 소명을 받았던 선지자조차 후들후들 했으니까요. 구조의 문제 앞에 허덕이며 삶의 의미와 선지자로서의 목적을 상실한 예레미야가 그러합니다. '인간들은 듣지 않고 어차피 하나님 맘 대로이니 내가 뭘 하든 무슨 소용인가?'라는 부정적 숙명론의 무기력함 아래 절망했습니다.

그런데 하나님은 그를 그 시대 흔하디흔한 토기장이의 집으로 이끄십니다. 예레미야는 그의 작업을 유심히 바라보다 이내 깨닫습니다. 외형과 무늬가 다양한 토기들이 각각의 목적대로 만들어졌다는 사실과, 완벽한 작품들만이 남겨져서 세상으로 내보내진다는 사실 말입니다. 마찬가지입니다. 하나님은 그냥 나 하나 세상에서 빼 오려고 부르신 것이 아닙니다. 하나님은 나를 나만의 목적을 지닌 창조적 예술품으로 부르셨습니다. 그 때문에 이렇게 꼭 말씀드리고 싶네요. '당신은 하나님의 자부심'입니다. 밑도 끝도 없는 긍정주의를 말함이 아니라 나를 부르신 그 아버지 하나님과 그의 열심을 믿으라는 말입니다.

○

사람들은 신의 존재를 믿는 이들을 가리켜 '굴종한다', '나약하다', '운명론적이다'라고 말하지만, 전혀 그렇지 않습니다. 오히려 반대입니다. 자기가 무엇을 위해 그 자리에 있는지 모르는 인생과 부르심의 주체를 의지하며 그 과정을 즐기는 인생은 하늘과 땅 차이입니다.

우리는 무의미하지도 않고 무목적성으로 존재하지도 않습니다. 다만, 우리가 생각보다 자신을 잘 모른다는 게 문제이지요. 그래서 나를 나보다 더 잘 아시는 하나님을 믿고 부르심에 응답하며 따르는 것 아니겠습니까? 나아가 그 하나님을 온 세상의 주인으로 진정 믿는다면, 이 '부르심'은 우리를 자유함으로 이끌 것입니다.

하나님이 보내신 지금 그 장소에서
영적 상상력을 회복해 보십시오.
그리고 부르신 그곳에서 다부지게
자리매김하길 바랍니다.

우린 반드시 죽는다

그리 길지 않았던 5년간의 군목 생활에서 누구도 저를 따라올 수 없는 1등의 영역이 있었습니다. 바로 '죽음'입니다. 고작 5년 동안 부대원 일곱 명의 죽음 소식을 접했고 그중 네 번의 장례를 직접 집전했습니다. 어떤 분은 소령을 달고서도 장례식을 단 한 번도 집전해 본 적이 없다고 하시는데 저는 뭔 재주인지 유달리 많은 죽음의 소식을 접하게 되었습니다. 그때마다 참 괴롭더군요.

아직도 기억나는 현장이 있습니다. 새벽에 연락이 왔습니다. 탄약고 경계 근무를 서던 병사가 들고 있던 총으로 자살했다는 비보였습니다. 주일 새벽이라 잠시 고민되었지만 급히 가서 수습하는 현장을 보았지요. 누워 있는 시신을 보며 많은 생각이 들었습니다. 뒤늦게, 그러나 급하게 찾아온 가족들이 오열하는 모습을 보며 부대를 대표하여 목사로서 위로의 말을 건넸습니다. 물론 주일 예배를 집전해야 했기에 오래 머물 수 없어서 이내 돌아왔지만 참으로 많은 상념이 제 머릿속을 헤집어 놓았습니다.

○

무엇보다 그 친구가 교회를 다녔다는 사실에 몹시 안타까웠는데 주머니 속에 들어 있던 유서의 내용은 더욱 충격이었습니다. 자신의 죽음으로 누군가 피해 보지 않으면 좋겠고 단지 계속 죽으라는 환청이 들려서 죽겠다 결심했노라고 적혀 있었습니다. 아무도 몰랐기에 모두 집단 패닉에 빠져 버렸습니다. 정말 어이없었지요.

기독교식 장례였기에 3일간 근방에 머물며 예배와 기도회를 집전했습니다. 솔직히 많이 난감했습니다. 장례 자체도 버거운 일이었지만 특히 자살자에 대한 장례는 처음이라 당장에 어떻게 설교하고 위로해야 할지 막막하더군요. 자살하면 어떻게 되는 것인가요?

스물여덟 살의 애송이 목사에게는 중과부적이었습니다. 그 와중에 다음 날, 자살한 병사의 부모님 교회에서 목사님이 찾아왔습니다. 그 목사님이 울지 말라며 아들은 좋은 데 갔다고 단호하게 말씀하시는 장면을 보니 또 많은 생각이 들었습니다. '목회적 수사인가, 아니면 신학적 판단의 결과물인가?'

그 자리를 지키며 떠오르는 수많은 워딩과 감정들이 제 안에 가득했습니다. 남겨진 사람들이 겪는 말 못할 고뇌들을 보며 무엇이 옳은지 그른지도 모르겠고, 그렇게 빨리 스스로 세상을 뜬 그가 진정 불쌍하고 안타깝기도 했습니다. 무엇보다 그의 어머니 모습이 아직도 잊히지 않습니다. 독실하게 신앙 생활 하시던 그의 어머니가 아들의 '자살' 앞에 어쩔 줄 몰라 하는 심정이 절절히 느껴지더군요. 소리 내어 울지도 못하는 모습 앞에 참 많은 상념이 오고 갔습니다. 그래서 이런 생각이 불현듯 떠오르더군요. '진짜 나쁜 새끼…….'

○

스물여덟 살에 처음 '죽음'이라는 주제를 진지하게 돌아본 저 자신이 이상하고 부끄러웠습니다. 분명 인간 생애에 가장 기본적인 주제임에도 인생의 삼 분의 일을 살 동안 한 번도 생각해 본 적이 없다는 점이 의아했습니다. 그런데 그것이 저만의 애로점은 아닐 것입니다. 도시 문화에 익숙한 젊은 세대라면 '죽음'은 정말 멀리 있는,

그리고 경험해 보지 못한 나와 관계없는 주제일 것입니다. 언제부턴가 '죽음'이 우리 가운데 소외된 것이지요. 죽음에 관한 철학이 부재합니다.

특별히 우리네 문화는 죽음을 극단적으로 소외시킵니다. 현대 사회의 흐름 속에 사람들은 대부분 자택이 아닌 요양원에서 전혀 모르는 사람들에게 둘러싸여 임종을 맞이합니다. 죽음의 여정을 함께하는 것은 사라지고 죽음의 결과만 확인하러 가는 것이 일상화되었지요. 또한 죽음을 상징하고 죽음에 대해 성찰해 볼 수 있는 배움의 현장인 무덤은 모두 산속에 있고 우리네 일상과 너무 괴리되어 있습니다. 무덤은 단지 소복 입은 애들이 돌아다니는 배경일 뿐이지요.

'죽음'에 대한 성찰은 꼭 필요합니다. 사후에 대한 성찰 이외에도 죽음을 직면해야만 본성이 드러나고 인생을 돌아볼 줄 알게 됩니다. 주변에 죽음을 경험할 수 있는 자리가 있어야 오히려 삶과 생명의 소중함을 알 수 있기 때문이지요. 이런 이유로 그리스도인은 결코 '죽음'을 멀리해서는 안 됩니다. 그러나 "죽음에 대해 성찰하는 시간을 갖자"는 말을 꺼내기 민망할 정도로 사는 게 바쁘고 빈곤한 것이 우리네 현실입니다.

물론 죽음은 매우 중요한 문제이지만 이 중차대한 문제를 단선적으로만 바라보고 거기에만 몰두하며 심지어 자신과 관계없는 타인의 죽음에 대해서 왈가왈부하는 데 익숙하다면 이는 참 슬픈 일입니다. 그러고 나서 떠올리는 천국의 이미지는 고작 호로록 올라가면 몽환적인 곳이 펼쳐지고 황금으로 뒤덮여 있는 곳입니다. 이런 빈약한 상상력만을 자랑한다면 정말 주님이 슬퍼하실 듯합니다.

○

인간은 반드시 죽습니다. 죽음을 피할 수 있는 사람은 아무도 없지요. 이 세상에서 누리던 것을 다 두고 한 번도 경험해 본 적 없는 곳으로 가야 하기에 죽음은 두려운 것이 맞습니다. 그렇기 때문에 생에 집착하는 듯한 모습을 세속적이라고 무조건 폄하할 수는 없습니다. 또한 죽음은 사실 악한 것이지요. '본래 인간이 죽어야만 하는 존재였는가?'라는 질문에 여러 의견이 존재하지만, 우리가 작게나마 정리해 볼 수 있는 부분은 최초의 인간은 죽지 않을 가능성이 있었다는 사실입니다. 그러나 안타깝게도 모두 죽을 수밖에 없는 것으로 귀결되었고 이로써 죽음은 인간이 예측할 수 있는 가장 확실한 가능성이 되어 버렸습니다. 그래서 우리는 이 최종적 두려움 앞에 몸을 사리고 제한당하고 두려워합니다.

그런데 이런 경우도 있습니다. 아프리카 가나에는 '기'라는 부족이 있는데 이 부족은 참 독특한 문화를 가지고 있습니다. 장례날이 곧 잔칫날인 것입니다. 사람이 죽으면 음악을 틀고 축제를 즐깁니다. 시체를 담는 관도 색다릅니다. 생전에 못 이룬 꿈이나 소유하고 싶었던 물건의 모양으로 예술적이고 밝은 의미의 관을 만듭니다. 그들이 그렇게 할 수 있는 이유는 믿음 때문입니다. 죽으면 천국으로 바로 직행한다는 믿음이지요. 그 믿음이 죽음을 기쁨으로 받아들이고 그 믿음이 이런 장례 문화를 만들어 냈습니다.

그렇습니다. 사람은 믿는 대로 살아갑니다. 믿음이 상황과 환경을 지배합니다. 다른 맥락이지만, 순교자들과 현대의 선교사들이 의연히 죽음을 선택할 수 있었던 것도 이곳이나 저곳이나 모두 하나님의 땅이라는 온전한 믿음 때문이 아니었을까요?

'메멘토 모리(Memento mori)'라는 말이 있습니다. "죽음을 기억하라"는 말로 "너는 반드시 죽는다는 것을 기억하라", "네가 죽을 것을 기억하라"는 의미의 라틴어 표현입니다. 옛날 로마에서는 원정에서 승리를 거두고 개선하는 장군이 시가행진을 할 때, 노예들 시켜 행렬 뒤에서 큰소리로 '메멘토 모리'를 외치게 했다고 합니다. '오늘은 개선장군이지만, 당신도 언젠가는 죽을 수 있으니 겸손하게 행동하라!'는 의미에서 생겨난 풍습이라고 합니다.

○

그리스도인이라면, 더 큰 의미와 책무를 지니고 죽음을 기억해야 합니다. 그리고 죽음을 사색하고 상상해야 합니다. 어차피 한 번 사는 인생인데 더 의미 있고 고급지게 살아야지요. 언제까지 잠시 스쳐 가는 세상에서 그리 쪼잔하게, 심각하게, 아니면 허세만 떨며 살 것입니까? 나아가 그 죽음을 또 다른 시작으로 인도하시는 하나님의 역사를 돌아보아야 합니다.

대학 시절 접한 귀한 책이 있습니다.'짐 엘리엇' 선교사의 생애를 그린 「전능자의 그늘」(복있는사람)이라는 책입니다. 제가 다 소개하길 기대하시겠지만 천만의 말씀입니다. 주말 3D 영화표 값밖에 안 되니 좋은 말 할 때 꼭 사서 보십시오. 그는 휘튼대학을 수석으로 졸업한 인재 중의 인재로서 에콰도르 아마존 유역의 선교사로 자원하여 동료 4명과 함께 가장 악명 높고 접근하기 어려운 아우카 부족이 사는 곳으로 들어갔습니다. 그러나 도착 직후, 그는 창에 찔려 순교했습니다. 함께 들어간 친구들도 모두 살해되어 강에 버려진 채 발견되었습니다.

이에 시카고 신문들은 〈'얼마나 불필요한 낭비'인가?〉라는 제목으로 그들의 선교와 죽음을 비판하는 기사를 썼습니다. 그러나 그의 아내 엘리자베스는 이렇게 말합니다. "그의 죽음은 낭비가 아니었습니다. 그는 이를 위해 전 생애를 준비했고 이 시간을 위해 살았던 사람입니다. 하나님께서 주신 자신의 책임을 수행하고 생의 목표를 달성하고 죽은 행복한 사람입니다."

그리고 아내 역시 간호 훈련을 받고 1년 후 바로 아우카 부족으로 들어가 5년 동안 선교하였습니다. 그러나 이러한 결과적 감동보다 더 제 마음을 울린 건 아무런 발자국도 남기지 못한 채 요절해 버린 짐 엘리엇이 생전에 한 말입니다. "잃어버릴 수 없는 것을 얻기 위해 지킬 수 없는 것을 버리는 자는 결코 어리석은 자가 아니다."

'인간은 왜 죽을까?'라는 질문에 관한 생각의 타래를 이어 나가다 보니 이런 생각도 들더군요. 죽음은 멈춤의 미학을 모르는 인생들에게 주어진 하나님의 강제적인 멈춤이자, 더 이상의 연습을 마치고 완벽하게 하나님 의지로 전환되는 시점이라는 생각입니다. C.S. 루이스가 「시편 사색」(홍성사)에서 남긴 묵상으로 마무리해 봅니다.

"날마다 일어나는 밤과 낮의 교체,
해마다 일어나는 작물의 죽음과 재생,
그러한 자연 과정들이 일으킨 신화들,
인간 자신도 참으로 살기 위해서는
모종의 죽음을 거쳐야 한다는
그 명료하진 않지만 강렬한 느낌,
이런 것들 속에는 하나님이 근원적 진리에 대해
허락하신 유사성이 있다."

에필로그

믿음은 순간이 아니라 여정이다

"믿음은 순간이 아니라 여정이다." 제가 평소 자주 쓰는 말 중 하나입니다. 누구보다 단선적이고 단편적으로만 신앙을 대하던 제 과거에 대한 반성이자 진정한 충고입니다. 믿음이라는 것은 결코 한 순간에 평가될 만한 것이 아닙니다. 믿음을 순간으로 바라보는 것은 하나님의 영역입니다. 고작 인간인 우리에게 있어 믿음이란 분명한 '여정'입니다. 예수님이 남기신 "이와 같이 나중 된 자로서 먼저 되고 먼저 된 자로서 나중 되리라"(마태복음 20장 16절)는 말씀이 이런 맥락으로 읽힙니다.

태생적으로 자유 의지를 가진 '사람'이란 존재는 아무리 부정하더라도 생각보다 자신을 합리적이라고 여깁니다. 사실은 그렇지 않은데 말이지요. 내가 오늘 마시는 커피 한 잔만 보아도 그렇습니다. 내가 정말 그 커피를 좋아하거나 합리적 판단에 의해 마시기로 결정했다고 여기겠지만, 실제는 그 커피를 사기 이전에 누적된 경험들이나 그 순간에 주어진 환경의 영향이 더 큰 경우가 많습니다.

마찬가지로 우리가 현재 바른 믿음이라고 생각하는 기준들도 실상은 성경에 대한 바른 이해에서 비롯되었다기보다는 내 성향, 내가 다닌 교회, 내 부모님의 영향, 나를 가르쳤던 이들의 영향으로 비롯된 경우가 훨씬 많습니다. 무엇보다 한국교회 안에서만 독특하게 재구성된 신앙관들도 참 많지요.

이 책에 담긴 글들은 모든 문제에 대한 답을 주기 위함이 아닙니다

이 책은 '정답'을 알려 주기 위해 쓴 것이 아닙니다. 또한 '의심' 자체에 대한 예찬도 아닙니다. 다만, 저와 같이 이 믿음의 여정을 걷는 이들에게 그것이 틀린 것만은 아님을 말하기 위함입니다. 그리고 하나님은 우리네 생각보다 훨씬 더 큰 분이라는 것을 알리는 데 목적이 있습니다. 솔직히 하나님께 질문해도 잘 대답 안 해주시니까요.

이런 딜레마 가운데 타인의 시선을 의식하며 움츠러드는 신앙 생활을 지속하는 이들에 대한 연민이 있습니다. 이는 한 사람만의 문제라기보다 우리 모두의 문제이지요. 부탁드립니다. 남 시선에 더 신경 쓰느니 자신이 진짜 원하는 게 무엇인지를 직면하고 성경이 말하는 하나님을 바라보십시오. 하나님과 자신만이 바라볼 수 있는 실존에 집중하십시오.

진지한 탐구와 성찰의 여정을 함께 떠납시다

믿음의 여정을 걸으며 생각처럼 잘 안 된다 하더라도 포기하지는 마십시오. 하나님에 관해 묻는 것을 죄송해 하지도 말고 미안해 하지도 마십시오. 이 글들로 인해 묻는 것이 결코 나쁜 것이 아니라는 사실과, 물어야 온전한 믿음 가운데로 나아갈 수 있다는 사실에 대한 환기만 있어도 이 책을 출간한 보람이 있을 것입니다. 의심나면 마음껏 물으십시오. 그래야 믿을 수 있습니다. 그리고 일상을 살아갈 때 그 믿음을 실천해 보길 바랍니다. 이 책이 이 땅을 살아가는 여러분에게 조금이라도 도움이 되었길 바랍니다. 여러분의 믿음의 여정을 축복합니다!

묻다, 믿다, 하다

초판 발행 2018년 9월 5일
초판 4쇄 2018년 11월 5일

지은이 손성찬
발행인 김수억

발행처 죠이선교회(등록 1980. 3. 8. 제5-75호)
주소 02576 서울시 동대문구 왕산로19바길 33
전화 (출판부) 925-0451
(죠이선교회 본부, 학원사역부, 해외사역부) 929-3652
(전문사역부) 921-0691
팩스 (02) 923-3016
인쇄소 송현문화

ISBN 978-89-421-0394-2 03230

책값은 뒤표지에 있습니다.
잘못된 도서는 교환하여 드립니다.

이 도서의 국립중앙도서관 출판예정도서목록(CIP)은 서지정보유통지원시스템 홈페이지(http://seoji.nl.go.kr)와 국가자료공동목록시스템(http://www.nl.go.kr/kolisnet)에서 이용하실 수 있습니다.(CIP제어번호: CIP2018025313)